러시아어

생격과 여격의 '소유' 의미 연구

양 창 열

러시아어

생격과 여격의 '소유' 의미 연구

양 창 열

러시아어가 언어로서 가지고 있는 매력은 참 여러 가지이다.
러시아하면 톨스토이나 도스토옙스키와 같은 세계적인 문호로 인해 러시아 문학을
쉽게 떠올리지만 러시아 문학과 떼려야 뗄 수 없는 관계인 러시아어 역시 언어학의
연구 대상으로는 그만이다.

한국학술정보㈜

책머리에

러시아어가 언어로서 가지고 있는 매력은 참 여러 가지이다.

러시아하면 톨스토이나 도스토옙스키와 같은 세계적인 문호로 인해 러시아 문학을 쉽게 떠올리지만 러시아 문학과 떼려야 뗄 수 없는 관계인 러시아어 역시 언어학의 연구 대상으로는 그만이다.

다른 언어에 비해 상대적으로 러시아어는 형태가 풍부한 언어이다. 이렇듯 형태적으로 풍부한 러시아어의 다양한 언어적 특징 중에서 본 연구에서 살펴보고자 했던 것은 러시아어의 격(格, Case)에 관한 것이다. 6개에 이르는 러시아어의 격 체계는 명사, 형용사, 대명사 뿐 아니라 수사에까지 그 형태가 고스란히 나타난다. 형태적으로 풍부한 만큼 문장에서 격을 통해 발현되는 의미 역시 아주 변화무쌍하다 하겠다.

격으로 표현할 수 있는 다양한 의미 중에서 본 연구에서는 특히 러시아어의 생격과 여격으로 표현할 수 있는 '소유'의 의미에 관해 심도 있게 살펴보았다.

불모지나 다름없었던 러시아어 연구가 이 만큼 성장하고 기초를 튼튼히 할 수 있었던 것은 어려운 환경에서도 러시아어 연구와 후학 양성에 힘써 오셨던 선배 학자들이 있어서 가능한 일이었다. 그분들의 노고에 감사드린다.

이 연구는 2002년에 박사학위논문으로 제출된 것이다. 이후 여러 해가 지나는 동안 논문의 일부 부족함이 드러나기도 했지만 수정을 하기보다는 후속 연구를 위한 촉매제로 남겨두고자 했다. 출판을 제안한 한국학술정보 측에 감사드린다.

러시아어 언어학의 넓은 세계로 이끌어 주시고 본 연구가 결실을 맺기까지 지도해주신 강덕수 교수님, 촘스키 언어학에 대한 눈을 뜰 수 있도록 해준 인디애나 대학의 Geroge Fowler 교수, 그리고 학자로서 뿐 아니라 선생님으로서의 모습을 보여주신 UCLA의 Henning Anderson 교수에게 감사의 마음을 전한다.

가족의 소중함을 깨닫도록 해주시며 늘 주기만 하시는 부모님, 항상 곁에서 기도로 도와주는 사랑하는 아내, 그리고 우리 집안의 기둥이며 늘 나에게 기쁨과 희망을 주는 아들 시영에게 미안함과 감사함을 전하고 싶다. 마지막으로 비전을 놓치지 않도록 힘주시는 야훼 하나님께 감사드린다.

2007년 2월
양창열

목 차

서 론

　각각의 개별 언어가 가지고 있는 언어적 특성을 찾아내고 언어간의 유사성과 상관성을 연구하고 규명하는 일은 언어학이라는 학문이 담당해야할 범주 중의 하나이다. 특히 각 언어들 간의 다양한 요소들을 규명하여 개별 언어의 언어 속성 및 특징을 밝히는 일은 무엇보다도 중요하다.

　이러한 관점에서 볼 때 러시아어는 다른 언어들에 비해서 형태적 의존도가 높은 언어라 할 수 있다. 다양한 굴절 어미와 그 활용은 이러한 러시아어의 특징을 잘 반영해 준다. 다시 말해서 동사의 다양한 변화(conjugation), 명사, 대명사, 형용사 등 다양한 문법 범주에서 보여 지는 어형 변화(declension) 등은 러시아어의 가장 큰 특징 중의 하나라 할 수 있다.

　이 중에서도 다양한 어형 변화를 반영하고 있는 러시아어의 격 체계(case system)는 영어나 한국어 등과는 상당한 차이를 보여 준다고 할 수 있다. 영어에서의 격(case)의 형태론적 실현과 그 운용이 대명사와 같은 지극히 제한된 영역에서 이루어지는 반면, 러시아어에서의 격(case)의 실제적 모습은 명사, 대명사, 형용사, 수사 등 대단히 방대한 영역에서 보여 지며, 이러한 격 체계(case system)의 운영이 문장의 문법성(grammaticality)을 결정하는데 있어서 중요한 영향을 미친 다는 점에서 러시아어는 '격(格)에 아주 민감한 언어(case sensitive language)'라고 할 수 있다.[1]

따라서 각 언어에서 생성되는 문장의 적법성, 더 나아가서 그 언어의 문법 현상을 논의하는데 있어서 자연 언어(natural language)에 적용되는 보편적 원리를 찾는 것도 중요하지만, 특정한 한 언어가 과연 다른 언어들과 어떤 차이점을 보여주고 있는가에 대한 연구 역시 중요한 과제라고 할 수 있다.

이러한 과제를 반영하여 본 연구에서는 러시아어의 다양한 언어적 속성 중에서 격(case)에 대해 살펴보고, 특히 소위 지배 결속 이론 (Government and Binding Theory)이 추구하는 보편 문법(Universal Grammar)이라는 틀 속에서 과연 러시아어가 가지고 있는 언어적 특성은 어떻게 표현되어 질 수 있는지 알아보고자 한다.

1. 연구 목적 및 연구 방법

본 연구에서 다루고자 하는 내용은 러시아어를 통해서 발현될 수 있는 넓은 의미에서의 '소유(possession)' 의미를 지닌 다양한 문장 형태 중에서 생격 (Genitive case) 명사구와 여격(Dative case)[2] 명사구를

---

1) 여기에서 언급하고 있는 격(case)은 Chomsky(1981-a)의 생성 문법적 측면에서 다루어지고 있는 용어이다. 이외에도 격(case)은 전통 문법(Traditional Grammar), Filmore(1968)의 격 문법(Case Grammar) 등에서 다른 각도로 조명된다. 또한 여기에서 사용되는 '격에 민감한 언어(case sensitive language)'는 상대적인 개념임을, 그리고 저자의 학위논문에서 처음 사용된 용어임을 밝힌다.

통해서 보여 지는 '소유'의 의미가 과연 어떻게 다른가를 밝혀 보고자 하는 것이다. 광의(廣意)의 의미론적인 관점에서 '소유'로 분류되는 '소유'의 의미가 생격 명사구 구조와 여격 명사구 구조의 문장에서 과연 동일한 의미로 남는가, 아니면 생격 명사구 구조와 여격 명사구 구조가 각각 다른 의미적 변별성을 갖는가에 대한 연구이다. 다시 말해서 생격과 여격의 명사 형태만 다르고 그 외의 문장 요소들이 모두 동일한 두 문장의 차이가 생격 명사구와 여격 명사구의 형태론적인 차이만을 나타낸 채 실제적으로는 아무런 의미적 변별성(distinctiveness)을 나타내지 않는가에 대한 궁금증을 통사론직 관점에서 해소해 보고자 하는 것이다. 이러한 분석과 연구를 통해서 러시아어의 명사구가 나타내는 격(case)이라는 문법 범주(grammatical category)가 포함하고 있는 다양한 정보와 함께 앞서 지적했던 러시아어의 언어적 특징인 격에 민감한 언어로서의 모습을 살펴보고자 한다.

본 연구에서는 생격 명사구와 여격 명사구가 나타내는 '소유'의 의미적 차이를 생성 문법적(Generative Grammar)입장에서 다루어 보고

---

2) 본 연구에서는 명사의 격(case)을 지칭하는데 있어서 주격(nomina- tive case), 생격(genitive case), 여격(dative case), 대격(accusative case), 조격(instrumental case), 전치격(locative case 또는 preposi- tional case) 등 기존에 사용되었던 용어를 사용하고 있음을 밝혀 둔다. 생격을 대신하여 속격이나 소유격, 여격을 대신하여 수여격 등이 사용되어지지 않는 이유는 다음과 같다. 본 연구에서 궁극적으로 밝히고자 하는 것은 두 가지 다른 '소유'의 의미이며, 이 '소유'의 의미는 '생격'과 '여격'을 통해서 그 차이섬이 보여 진다. 따라서 만약 '생격' 대신 '소유격'이 사용되어진다면, 의미상의 '소유'의 차이를 통사론적 입장에서 밝히고자 하는 본 연구에서 용어로 인하여 발생할 수 있는 개념의 혼란을 막기가 곤란하다. 따라서 본 연구에서는 전통적으로 상용되어왔던 격(case)의 명칭을 그대로 따르기로 하겠다.

자 한다. 물론 프라하학파를 이끈 대표적인 구조주의(Structuralist)학자이며, 러시아어를 포함한 슬라브어(Slavic languages) 연구에 있어서 지대한 공헌과 업적을 남긴 Jakobson(1936/1962, 1958/1962)의 격(case)에 대한 관점 및 설명이 본 연구에 있어서 적지 않은 근간을 이루고 있음을 부인할 수 없다. 하지만 앞서 지적한대로 화용론, 의미론 등이 해결하지 못한 여러 문제들이 통사론을 통해서 그 해결 방향이 모색되어질 수 있듯이 Jakobson(1936/1962)의 연구에서 단순한 설명에 그친 격(case)에 대한 논의가 Chomsky(1981-a)의 생성 문법적 연구 방법을 통해서 더욱 심화되고, 격(case)들의 차이에 대한 설명이 보다 명백하여질 수 있는가를 본 연구에서 알아보고자 한다. 특히 문장간의 변별적 차이를 소위 뉘앙스의 차이나 화자의 의도 등과 같은 다분히 수동적인 표현 방법으로 구분하여 왔던 것과는 다르게, 지배 결속 이론에 바탕을 둔 두 문장간의 차이에 대한 설명이 통사론적으로 확연히, 그리고 더욱 능동적인 수단을 통해서 어떻게 전개되어 지고 증명되어지는지를 본 연구에서는 밝히고자 한다.

생성 문법에서는 인간이 생득적(生得的)으로 지니는 언어 능력의 실체가 보편 문법(Universal Grammar)이라는 추상적인 문법 체계의 확립을 통해서 정립될 수 있다고 주장한다. Chomsky는 1957년 Syntactic Structures를 시작으로, 1965년 표준 이론(Standard Theory), 1971년의 확대 표준 이론(Extended Standard Theory), 1973년의 수정 확대 표준 이론(Revised Extended Standard Theory), 그리고 가장 큰 영향력을 언어학에 끼쳤다고 할 수 있는 1981년의 지배 결속 이론(Government and Binding)으로 그의 이론을 발전시켜 왔다.3) Chomsky(1981-a)의 "Lectures on Government and Binding"에서 출발한 지배 결속 이론이 제안하고 있는 구조는 다음과 같이 도식화 되어질 수 있다.

(1) 지배 결속 이론

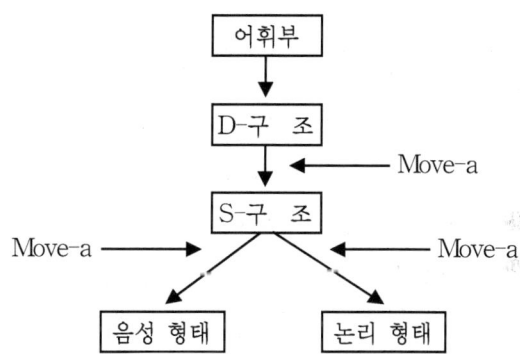

이러한 구조를 상정하여 각 언어의 규칙 체계를 축소하고, 여기에서 발견된 현상을 보편 문법의 여러 이론과 원리간의 상호 작용의 결과로서 도출해 내려는 것이 지배 결속 이론의 모습이며, 지배 결속 이론의 하위 이론으로는 다음과 같은 이론들이 포함된다.

---

3) Chomsky의 이론의 큰 줄기는 '지배 결속 이론'에 이어서 최근에는 최소주의(Minimalism)이론으로 이어지고 있다. 하지만 이 최소주의 이론의 등장이 지배 결속 이론의 쇠퇴나 폐기를 의미하는 것은 아니다. 지배 결속 이론이 앞서 등장했던 생성 문법이론의 기본 가설들을 조금씩 변형한 채로 유지하고 있었던 것과 같이, 최소주의 이론에서도 역시 기본적인 가설은 유지되고 있다. 지배 결속 이론에서 최소주의 이론으로의 변화 양상이 간단하게 정리 될 수만은 없지만, 이론의 명칭에서 유추할 수 있듯이 지배 결속 이론에서의 4개의 층위--D-구조, S-구조, 음성 형태(Phonetic Form; PF), 논리 형태(Logical Form; LF)--가 최소주의 이론에서는 D-구조와 S-구조의 층위를 없애고 PF와 LF층위만 남기고, Move-α 가 Affect-α 로 변형되었다고 할 수 있다. 따라서 본 연구에서 다루고자 하는 자료의 비교 분석이 두 이론 간의 변화에 민감하지 않기에 지배 결속 이론을 기본으로 하여 연구의 논지를 전개 하고자 한다.

(1a) 지배 결속 이론의 하위 이론[4]

(i) X′ 이론 (X′-Theory)

(ii) 의미역 이론 (Theta Theory)

(iii) 격 이론 (Case Theory)

(iv) 지배 이론 (Goverment Theory)

(v) 한계 이론 (Bounding Theory)

(vi) 결속 이론 (Binding Theory)

(vii) 통제 이론 (Control Theory)

2. 연구의 구성

본 연구는 머리말과 결론을 포함하여 모두 6개의 장으로 이루어져 있으며, 각 장에서 다루어질 내용은 다음과 같다.

Ⅱ장에서는 러시아어에서의 소위 '격(case)'이란 무엇인가가 다루어질 것이다. 특히, 구조주의적인 관점과 지배 결속 이론의 하위 이론인 격 이론(Case Theory)에서는 러시아어의 격 체계(case system)가 각기 어떠한 양상을 보여주는지를 간략히 살펴보고자 한다. 그리고 구조주의적인 관점에서의 격(case)은 Jakobson(1936/1962, 1958/1962)과 Levine(1984, 1986)의 격(case)에 대한 분석과 설명을 바탕으로 알아보고, 그들의 설명이 안고 있는 문제점을 지적해 보고자한다. 특히 Jakobson(1936/1962)과 같은 맥락에서 생격 명사와 여격 명사의 구조

---

4) 지배 결속 이론의 하위 이론에 대한 자세한 내용은 윤만근(1997), 한학성 (1995)을 참고하고, 러시아어에 대한 내용은 강덕수, 김진원, 이은순, 표 상용(1995)을 참고하시오.

를 대비하여 설명하고 있는 Levine(1984)의 주장에 대한 문제점이 심도 있게 연구되어질 것이다. II장에서는 또한 본 연구의 주요한 비교대상인 러시아어에서 '소유'를 의미하는 생격 명사구와 여격 명사구의 모습을 살펴보고, '소유'와 관련된 개념인 '분리 불가능 소유(分離 不可能 所有; Inalienable possession)'와 '분리 가능 소유(分離 可能 所有; Alienable possession)'의 차이점을 다양한 문장들을 통해서 알아보고자 한다. 더 나아가서 Levine(1984)이 주장하는 분리 가능 소유를 나타내는 생격 명사구와 여격 명사구를 통한 러시아어 문장간의 차이점이 과연 단순히 화용론적인 차이에서만 출발하는지, 또한 Fowler(1987)의 주장처럼 이러한 차이는 문법적인 차이로는 규명될 수 없는지에 대한 그들의 견해와 아울러 문제점 역시 지적해 보고자 한다.

 III장과 IV장에서는 각각 러시아어의 생격 명사구 구조와 여격 명사구 구조에 대한 전통적 분석, 그리고 여러 학자들의 주장을 살펴봄과 동시에 그들의 주장이 가지고 있는 문제점 역시 지적해 보고자 한다. 지배 결속 이론의 입장에서 격(case)의 차이점을 규명하는데 있어서 가장 중요한 요소라 할 수 있는 생격 명사구와 여격 명사구를 포함하는 문장을 형상적 구조로 먼저 바꾸고, 이 구조의 변별성을 통해서 생격 명사구와 여격 명사구가 가지고 있는 차이점을 찾고자 하는 것이 III장과 IV장의 목적이다. 따라서 III장과 IV장은 각각 '분리 가능 소유'를 의미하는 생격 명사구와 여격 명사구의 차이를 지배 결속 이론에 입각하여 비교 분석하기 위한 준비 단계라 할 수 있다.

 V장에서는 III장과 IV장의 분석을 바탕으로 하여 과연 생격 명사구와 여격 명사구의 '분리 가능 소유'의 의미 구조의 차이점이 지배 결속 이론, 즉 통사론적으로 어떻게 그리고 얼마나 확연하게 드러날 수 있는가에 대한 여러 가지 비교와 검증을 해보고자 한다. 그렇기 때문

에, V장에서의 분리 가능 소유를 표현하는 생격 명사구와 여격 명사
구에 대한 지배 결속 이론을 통한 비교 분석은 분리 가능 소유에 대
한 생격 명사구와 여격 명사구의 차이점이 화용론적인 차이만을 보이
며, 문법적 현상으로 간주되어 질 수 없다는 기존의 입장과는 일치하
지 않는다. 그리고 통사론적인 비교 분석을 이용하며 생격 명사구와
여격 명사구를 각기 포함하는 두 문장간의 변별성이 좀 더 명확히 드
러나고 설명되어 질 수 있음을 보여 줄 것이다.

결론적으로 본 연구에서는 앞서 밝혔듯이 의미론이나 화용론, 그리
고 구조주의적 관점에서 밝히기 어려웠던 생격 명사구와 여격 명사구
로 표현된 '분리 가능 소유' 의미의 차이가 지배 결속 이론에서는 어
떻게 설명되어 질 수 있는가를 보여주고자 한다.

러시아어의 '격(Case)'

I장에서 밝힌 것처럼 러시아어가 영어, 한국어 등 다른 언어와 구별되는 언어적 특성 중의 하나는 격 체계(case system)와 더불어 러시아어의 풍부하고 다양한 격(case)의 모습이다. 이러한 특성을 고려하여 러시아어를 '격에 민감한 언어'라고 부르고자 하였다. 따라서 이번 장에서는 러시아어의 격(case)에 대한 전반적인 내용을 간략히 살펴보고자 한다. 다시 말해서 러시아어의 격(case)은 어떠한 모습을 지니고 있는지, 영어 등에서 나타나는 격(case)의 모습과는 어떻게 다른지 등을 함께 살펴보고자 한다. 더 나아가서 러시아어의 격 체계에 대한 체계적인 연구의 바탕을 제공한 Jakobson(1936/1962, 1958/1962)의 의견에서부터 지배 결속 이론 틀 내에서의 러시아어의 격 체계를 생격 명사와 여격 명사를 중심으로 알아보고자 한다. II장의 후반부에서는 생격 명사구와 여격 명사구를 통해 나타나는 '소유'의 의미가 러시아어 문장에서는 어떻게 나타나는지를 살펴보고, 이에 대한 구조주의적인 관점에서의 분석과 구조주의적 분석이 가지고 있는 문제점을 함께 지적해 보고자 한다.

1. 격 이론(Case Theory)과 러시아어의 격(Case) 체계5)

1) 추상격(Abstract Case)과 형태격(Morphological Case)

격(case)에 대한 연구가 통사론적인 관점에서 주목을 받기 시작한 것은 Chomsky(1981-a)의 지배 결속 이론 이후의 일이다. 하지만 Chomsky(1981-a)가 주요 연구의 대상으로 삼았던 영어 등과 같은 언어에서는 'her', 'his'와 같은 형태적인 격(case)이 일부 제한된 문법 범주(grammatical category)에서만 보여진다. 이에 반해 러시아어와 같은 언어는 형태적으로 실현되는 격(case)의 다양함에 있어서 영어를 압도한다.6) 이렇듯 격(case)의 모습은 언어에 따라 다양하게 나타나며, 소위 '격 이론(Case Theory)'에서 다루는 격(case)은 추상격(Abstract case)으로 형태소에 의해 표시되는 형태격(Morphological case)과는 다르다.

먼저 추상격은 형태적으로 격(case)이 구현되지 않는 영어의 대명사와 같은 경우도 격(case)을 가질 수 있다는 것이다. 또한 추상격은 명사구에 격(case)이 할당되는 방법에 따라 구조격(Structural case)과 고유격(Inherent case) 할당으로 나누어진다. 구조격이란 명사구가 지배 등의 특정한 구조적 관계에 따라 다른 범주에 의해 격(case)을 할당받는 경우를 지칭한다.7) 이에 반해 고유격은 구조격이 할당되지

---

5) Chomsky(1981-a)의 지배 결속 이론에서의 격 이론(Case Theory)에 대해서는 윤만근(1997), 한학성(1995)을 참고하고, 격 이론의 러시아어 자료에 대한 자세한 설명은 이은순(1993), Franks(1995)를 참고하시오.

6) 이러한 러시아어의 특징으로 인해 러시아어를 '격에 민감한 언어(case sensitive language)'라고 칭할 수 있는 것이다.

않는 명사구에 어떤 특정한 격(case)을 할당하라는 어휘에 등재된 내용에 따라 격(case)이 주어지는 경우이다.

(2) John(주격) loves her(대격). ⇒ 구조격
　　"존은 그녀를 사랑한다.

(3) Bob gave Susan(여격) a gift. ⇒ 고유격
　　"밥은 수잔에게 선물을 주었다."

위의 예문 (2)과 (3)은 구조격과 고유격의 예들을 보여주고 있다. 예문(2)에서 동사 'love'는 목적어 'her'에 구조격인 대격을 할당하고 있으며, 또한 주어 'John'은 IP의 INFL[8]로부터 주격을 할당받고 있다. 그리고 예문 (2)에서 구조격인 대격을 할당받아 나타난 'her'는 대명사로서 형태격의 모습을 또한 보여주고 있음을 알 수 있다. 예문 (3)에서 동사 'give'는 어휘 기재 사항에 따라 간접 목적어인 'Susan'에게 고유격인 여격을 할당한다.

러시아어에서도 역시 예문 (2)와 (3)에서와 같은 추상격의 일종인 구조격과 고유격이 존재한다. 이외에도 러시아어에서는 구조격과 고유격이 다양한 형태소를 반영하여 형태격으로 구현되는 모습을 볼 수 있다. 다음의 예문 (4)는 러시아어에서의 구조격과 고유격에 대한 예를 보여준다.

---

7) 여기에서의 범주(category)는 NP, AP, VP 등의 어휘 범주(lexical category) 뿐만 아니라 IP 등과 같은 기능 범주(functional category)까지도 포함한다.
8) INFL은 IP(Inflectional Phrase)의 핵(head)을 의미한다.

(4) Иван(주격) дал ему(여격) книгу(대격). ⟹ 구조격과 고유격

"이반은 그에게 책을 주었다."

(2)와 (3)의 예문에서와 마찬가지로 러시아어 예문 (4)는 동사 '달(дал'이 직접 목적어인 'книгу'에 구조격인 대격을 할당하고, 주어 'Иван' 은 IP의 INFL로부터 역시 구조격인 주격을 할당받는 모습을 보여주고 있다. 동시에 동사 '달(дал'은 간접 목적어인 'ему'에 고유격인 여격을 할당하고 있음을 알 수 있다. 또한 'книгу'와 'ему'에서 형태격의 모습을 찾아 볼 수 있다. 이렇듯 영어와 러시아어에서 모두 추상격이 나타나며, 형태격의 모습에 대해 자세히 살펴보면 다음과 같다.

영어에서의 형태격의 실현은 대명사와 같이 지극히 제한적인 범주에서만 그 모습이 나타나고 있는데 반하여 러시아어에서는 앞서 언급한 구조격과 고유격이 실제적으로 다양한 범주에서 다양한 모습으로 형태격으로 형상화된다. 러시아어에서는 형태격이 어휘의 굴절 어미(inflectional endings)의 변화에 의해서 표현되어진다. 따라서 러시아어에서의 형태격은 영어와 달리 명사, 대명사, 수사, 형용사 등 다양한 어휘 범주에서 나타나고 있다. 다음의 예문 (5)가 다양한 어휘 범주에서 나타나는 러시아어 형태격의 예들을 보여주고 있다.

(5) Он любит свою(대격) высокую(대격) Анну(대격). ⟹ 형태격

"그는 키가 큰 안나를 사랑한다."

예문 (5)에서 나타나는 것처럼 직접 목적어인 'Анна'는 구조격인 대격을 할당받아 형태적으로 '-у'라는 대격 어미를 취하여 형태격의 모

습을 보여주고 있으며, 이 명사구와 성(gender)과 수(number)에서 일치(agreement)를 이루는 재귀 대명사 'свою'와 형용사 'высокую' 역시 대격 어미를 각각 취하여 형태격의 모습을 보여주고 있다. 영어 등의 언어와는 달리 격(case)의 형태에 있어서 상대적으로 다양한 러시아어에서는 고유격 역시 다양한 형태격의 모습을 띠고 있다.

(6) Он управлял **автомобилем**(조격). ⟹ 고유격

"그는 자동차를 운전했다."

(7) Я боюсь **темноты** (생격). ⟹ 고유격

"나는 어두움을 무서워한다."

(8) Каждый студент получил по **одному**(여격) **рублю**(여격). ⟹ 고유격

"학생들은 1루블씩 받았다."

예문 (6)는 러시아어에서 나타나는 고유격의 예를 잘 보여주고 있다. 'автомобилем'이라는 명사구가 동사의 일반적인 직접 목적어인 'автомобиль'이라는 대격의 형태로 표현되지 않고 조격의 형태를 보여주고 있는 이유는 'управлял'이라는 동사가 어휘적으로 조격 명사구를 목적어로 취하기 때문이다. 조격 외에도 예문 (7)의 동사 'бояться'처럼 생격을, 예문 (8)의 전치사 'по'처럼 여격 등을 어휘적으로 요구하는 문법 범주들을 러시아어에서는 쉽게 찾아볼 수 있다.

2) 러시아어의 격 종류

앞 절에서 설명된 것처럼 지배 결속 이론의 격 이론에서 다루는 격 (case)이 추상격과 이 추상격의 형태적 실현인 형태격으로 나뉘어 지고, 격 할당의 방법에 따라 구조격과 고유격으로 나뉘어 질 수 있는 반면, 이은순(1993-a)[9]에 의하면 러시아어의 격(case)은 의미격(semantic case) 과 통사격(syntactic case)으로 나뉘어 질 수 있다.

통사격은 구조격, 고유격, 그리고 QP(Quantifier Phrase: 양화사구) 생격을 포함할 수 있으며, 더 세분화한다면 구조격인 주격, 대격과 고 유격인 생격, 여격, 조격, 전치격, 그리고 그 외의 범주로 QP 생격이 있다. 이에 반해 문장의 전반적인 의미 해석 부분을 담당하는 의미격 은 부정 생격과 함께 'быть'+ 조격 구문 등을 지칭한다.[10]

이번 절에서는 앞으로 본 연구에서 이론적 토대로 삼아 논지를 펼 치게 될 지배 결속 이론에 입각하여 러시아어의 격(case)에 대한 내 용을 살펴보았다. 앞으로 전개될 문제에 대한 분석과 설명이 지배 결 속 이론을 바탕으로 전개되어질 것은 분명하지만, III장과 IV장에서 다루게 될 '소유'를 의미하는 러시아어의 생격 명사와 여격 명사에 대 한 심층적인 분석을 가능케 한 언어학적인 자료와 근거를 제공한 것 은 Roman Jakobson(1936/1962, 1958/1962)의 연구이다. 20세기를 대

---

9) 러시아어의 격(case) 종류에 대한 자세한 설명 뿐 아니라, 격(case)에 대한 통 사적인 분석을 확대, 발전시켜 통사적 분석의 한계를 드러나게 했던 러시아어 의 의미격을 통사적인 격(case)으로 설명하고, 일반적으로 구조격과 고유격으 로 양분되던 격 이론(Case Theory)을 형상격(configurational case)으로 단일 화하고자 한 이은순(1993-a)의 시도는 러시아어의 격 체계를 새롭게 이해하 는데 도움을 준다 하겠다.

10) 러시아어의 격의 종류에 대한 자세한 설명은 이은순(1993-a)를 참조하시오.

표하는 구조주의 학자로서 그의 격(case)에 대한 연구는 러시아어 격 체계에 대한 논리적이고 체계적인 틀 안에서 이루어졌다는 점에서 의의를 찾을 수 있으며, 다음절에서는 그의 이러한 연구에 대해 생격 명사와 여격 명사를 중심으로 간략히 알아보고자 한다.

2. 구조주의적 관점에서 본 러시아어의 격(Case)

1) Roman Jakobson의 격(case)과 격 자질(case features)

러시아어의 격 체계(case system)를 의미론적인 관점과 형태론적인 관점에서 체계적으로 정리하고 구분하였다는 점에서 Jakobson(1936/ 1962, 1958/1962)의 연구는 러시아어의 격(case)을 연구하고자하는 모든 학자나 연구자들의 가장 기초가 되는 자료이다.

Jakobson은 1936/1962년의 연구에서 러시아어의 모든 격(case)[11]을 '일반적 의미(=*Gesambtbedeutung*=general meaning)'라는 설정(setting)을 통해 명백히 밝히고 있다. 그리고 각각의 격(case)의 '특수한 의미(=*Sonderbedeutung*=particular meaning)'는 이 '일반적 의미'로부터 나온다고 주장하였다. 러시아어의 격(case)의 특징을 설명하기 위해서 Jakobson(1936/1962)은 세 가지 자질(feature)을 제안하고 있다.

---

11) Jakobson(1936/1962)은 러시아어의 격을 기본적으로 다음의 6개의 격(case) 으로 구분히고 있다; 주격, 생격, 여격, 대격, 조격, 전치격. 이외에 의미적으로 그리고 형태적으로 충분히 변별성이 있다고 판단되는 생격2와 전치격2를 첨가하여 총8개의 격(case)을 그의 논문에서 제시하고 있다. 하지만 생격2와 전치격2는 제한적인 쓰임으로 인해 점차 그 모습이 사라지고 있다. 생격2와 전치격2에 대한 설명은 Jakobson(1936/1962, 1958/1962)을 참고하시오.

이 세 가지 자질의 조합을 통해서 Jakobson(1936/1962)은 러시아어의 모든 격(case)이 가지는 형태적, 그리고 의미적 특징과 그 의미가 가지고 있는 변별성을 설명하고 있다.

(9) Jakobson(1936/1962)의 세 자질

a. [± quantified]　　　(=объёмный; 양화성)

b. [± directional]　　　(=направленный; 방향성(方向性))

c. [± peripheral]　　　(=периферийный; 주변성(周邊性))

다음의 도표 (10)은 세 가지 자질을 기초로 한 Jakobson(1936/1962)의 격(case)과 자질(features)의 관계를 표현한 것이다.

(10) Jakobson의 격 자질[12)]

	Peripheral	Quantified	Directional
주 격	−	−	−
생 격	−	+	−
여 격	+	−	+
대 격	−	−	+
조 격	+	−	−
전치격	+	+	−

---

12) Jakobson(1936/1962, 1958/1962)의 격(case) 자질을 이용한 연구는 여러 학자들에 의해서 다양한 각도로 심도 있게 연구되어 왔다. 그 중에서 Chvany (1986)는 형태−의미론적인 관점에서 Jakobson (1958/1962)의 연구를 심화 시켰고, Franks(1995)는 도표 (10)의 세 자질 외에 다른 자질들을 추가함으로써 생격2와 전치격2를 비롯하여 각각의 격(case)들이 가지고 있는 다양한 의미적, 그리고 형태적 변별성을 규명하고자 하였다. 이외에도 Brecht와 Levine (1986), van Schooneveld(1986), Birnbaum(1998) 등이 Jakobson의 격(case)에 대해 언급하고 있다.

　　Jakobson(1958/1962)은 격(case)을 표현하는데 사용되는 자질의 조합은 각 각의 격(case)이 가지고 있는 의미의 차이를 반영할 뿐만 아니라, 러시아어의 다양한 격 형태에서 보여 지는 격 융합(格 融合, case syncretism)[13]역시 나타낼 수 있다고 한다. 위의 도표 (9)와 (10)에서 알 수 있는 것처럼 러시아어의 격(case)은 세 개의 다른 자질로서 격(case)간의 차이를 경제적으로 설명해주고 있으며, [+]는 자질의 유표화(marked)를, 그리고 [−]는 자질의 무표화(unmarked)를 각각 구현하고 있다. 이어서 Jakobson(1936/1962, 1958/1962)은 의미 치이를 비탕으로 형성된 격 자질(case feature)의 이분법석 분류는 격 형태에 대한 다음과 같은 예측 능력까지도 내포하고 있다고 한다. 다시 말해서 각 격(case)간에 자질이 다를수록 격(case)의 형태에서 나타나는 격 융합의 발생 가능성이 적다는 것이다. 예를 들어서 주격과 대격의 경우 [peripheral(주변성)]과 [quantified(양화성)]에서는 무표화된 자질을 공유하고 있으며, [directional(방향성)]의 경우에는 주격과 대격이 각기 다른 양상을 보여주고 있다. 이는 상대적으로 주격과 대격 간에 공유하는 자질이 많다는 것을 의미한다. 따라서 형태적으로 주격과 대격의 격(case) 쌍은 주격과 생격, 주격과 여격, 주격과 조격, 주격과 전치격 쌍 등과 비교 할 때 상대적으로 격 형태를 공유하는 격 융합 현상이 많이 발생한다고 할 수 있다. 예를 들어서 불활

---

13) 격 융합(格 融合, case syncretism)이란 두 가지 이상의 다른 굴절 형태가 주로 음성 변화에 의해 결합되어져서, 한 개의 형태로 합하여 지는 현상을 지칭한다. 러시아어의 ‘40’을 뜻하는 ‘cópoκ’의 경우를 살펴보자. 주격과 대격은 ‘cópoκ’으로 동일한 형태를 가지고 있으며, 주격과 대격을 제외한 다른 모든 격, 즉 생격, 여격, 조격, 전치격의 경우 ‘copoκá’로 형태가 통일되어있다. 따라서 ‘cópoκ’의 경우, 주격과 대격, 그리고 생격, 여격, 조격과 전치격의 두 무리에서 격 융합이 일어난다고 할 수 있다.

동체 남성 명사의 단수 주격과 단수 대격의 경우, 'стол'과 같은 예에서 알 수 있는 것처럼 'стол'의 주격과 대격의 형태는 차이를 보이지 않는다. 하지만 Jakobson(1058/1962)의 주장처럼 두 격(case)이 가지고 있는 자질만으로 격의 형태 간 유사성을 밝히기는 어려운 경우도 상당히 있다. 예를 들어서 도표 (10)에서 보여 지듯 주격과 전치격은 [peripheral(주변성)]에서만 다르고, [quantified(양화성)]과 [directional(방향성)]에서의 자질은 무표화 되어서, 자질들 중 두 가지를 공유하여 상대적으로 격 융합의 가능성이 높은 것으로 예측되지만, 실제로 두 격(case)이 형태적으로 융합을 보이는 경우를 러시아어 예에서 찾아보기는 쉽지 않다. 다음은 주격과 전치격과의 불일치의 경우이다. '책'을 뜻하는 여성 명사는 주격으로 'книга'를, 전치격으로는 'книге'의 형태를 취하여 두 격간에 격 융합이 일어나지 않음을 보여주고 있다. 또한 생격과 대격 형태 역시 다른 격 쌍과 비교해 볼 때, [peripheral]에서만 자질을 공유하고, 다른 두 자질에서는 각기 다른 양상을 보인다. 즉 상대적으로 격 융합이 일어날 가능성이 적다고 할 수 있다. 하지만 이러한 격 자질을 통한 예측과는 달리, 동일한 격 형태를 보이는 경우를 찾아보기가 어렵지 않다. 활동체 남성 명사의 단수 생격과 단수 대격인 'отца'가 이러한 예들 중의 하나이다. 따라서 의미적 차이를 바탕으로 하여 설정한 러시아어 격(case)이 가지고 있는 자질의 상이함을 통해서 러시아어의 격의 형태적 융합을 규명하기에는 Jakobson(1958/1962)이 밝힌 것처럼 어느 정도의 한계성을 드러낸다고 할 수 있다.

위의 도표 (10)에서 본 연구를 위해 더 관심 있게 살펴 보아야할 부분은 생격과 여격이다. 두 격(case)을 비교하였을 때 도표 (10)에서 가장 주목할 만한 것은 생격과 여격이 가지고 있는 자질 중에 공유하는 자질이 하나도 없다는 것이다. 이는 앞에서도 밝힌 것처럼 생격과 여격의 경우는 형태적으로 굴절 어미를 공유하기가 어렵다는 것을 자질의 유표화와 무표화를 통해서 예측할 수 있으며, 실제적으로도 생격과 여격이 형태적으로 겹치는 예들이 없다는 점에서 이러한 예측이 정확한 것임을 알 수 있다.

 생격과 여격 쌍(雙) 외에는 대격과 전치격 쌍(雙) 만이 공유하는 자질을 가지고 있지 않다. 여타의 격(case)들은 적어도 하나의 자질을 공유하고 있다. 따라서 대격과 전치격, 그리고 생격과 여격이 적어도 Jakobson(1936/1962)이 제안힌 세 가지 자질의 측변을 기준으로 하여 볼 때 상보적(相補的) 분포(complementary distribution)14)를 이루고 있다고 할 수 있다. 이러한 Jakobson(1936/1962, 1958/1962)의 러시아어 격 체계(case system)에 대한 분류는 지극히 형태-의미론적 측면에 치우친 면이 없지 않다. 또한 Jakobson의 분석은 II장의 후반부에서 살펴볼 생격 명사구와 여격 명사구에 대한 Levine(1986)의 견해와도 일치한다. Levine(1986)는 이러한 Jakobson(1936/1962)의 견해를 근간으로 하여 생격 명사와 여격 명사에서 보여지는 자질의 차이 중의 하나인 '방향성([± directional])' 자질이 '소유'의 의미를 가지는 문장에서 어떻게 표현되는지를 설명하고 있다. 다음절에서는 먼저 생격 명사구와 여격 명사구를 통해서 나타나는 러시아어의 '소유' 의미에는 어떠한 것이 있는지를 함께 살펴보고자 한다.

---

14) 상보적 분포(Complementary distribution)의 개념은 음소나 형태소를 설정하는 데 사용되는 중요한 개념 중의 하나이다. 따라서 여기에서 쓰이는 상보적 분포의 개념은 전제된 자질들이 두 격(case)간에 전혀 겹침이 일어나지 않는다는 보다 단순한 의미를 나타내기 위해 사용되었다. 그렇기 때문에 이러한 격(case)의 상보적 분포의 관계가 생격 명사와 여격 명사를 단순한 격 교체(case alternation)현상으로 간주 할 수 없게 만드는 요인 중의 하나로 설명되어질 수 있다.

2) 러시아어의 격(Case)을 통해서 나타나는 '소유' 15) 의미

① 분리 불가능 소유(Inalienable Possession)와 분리 가능 소 (Alienable Possession)

전통적으로 '소유'의 개념은 '분리 가능 소유'와 '분리 불가능 소유'로 나뉘어 진다. Heine(1997)의 견해를 따르면, 두 소유의 구분 기준은 다음과 같다. 소유의 대상을 소유주로부터 떼어낼 수 있으면 분리 가능 소유이고, 떼어낼 수 있는 대상이 아니라면 분리 불가능한 소유로 나뉘어 진다는 것이다. 따라서 다음과 같은 소유의 대상들이 분리 불가능 소유에 속한다.

---

15) '소유'에 대한 관점은 각각 인지적, 그리고 언어학적인 것으로 분류할 수 있다. Seiler(1983)는 언어학적인 '소유'는 개념적(concep- tual) 또는 관념상(notional)의 '소유'를 전제하고 있다고 주장한다. 의미론적으로 볼 때 '소유' 란 생물체 또는 살아 움직이는 개체(animate entity)와 다른 개체간의 배타적인(exclusive) 관계를 의미한다.

X [+animate] <----------------> Y

이러한 '소유'의 정의는 흔히 '소유'라고 지칭해 왔던 것들보다는 훨씬 협의인 것이다. 또한 Seiler(1983)는 '소유'의 개념이 보편적인 현상으로 간주됨에도 불구하고, 이것의 특정한 의미 및 가치는 사회학적인 요인들에 의해 영향 받을 수밖에 없음을 지적하고 있다.

Semantically, the domain of POSSESSION can be defined as bio-cultural. It is relationships between a human being and his kinsmen, his body parts, his material belongings, his cultural and intellectual products. In a more extended view, it is the relationship between parts and whole of an organism.
(Seiler, 1983: 4)

(11) 분리 불가능 소유의 대상

(11a) 친족 관계(kinship roles)

(11b) 신체의 일부 (body-parts)

(11c) '천장', '바닥'과 같은 공간과 관련된 개념 (relational spatial concepts, like 'top', 'bottom' etc..)

(11d) '힘'이나 '공포'와 같은 육체적, 정신적 상태 (physical and mental states, like 'strength', 'fear' etc..)

(Heine, 1997: 10)

이외에도 언어에 따라 '이름', '목소리', '그림자' 등이 분리 불가능 소유에 해당될 수 있다고 한다. 따라서 위에서 언급한 것 이외의 소유의 대상들은 분리 가능 소유로 구분되어 질 수 있다 하겠다. Heine(1997) 의 이러한 분류가 러시아어에서도 적용될 수 있는지 살펴보자.

생격 명사구와 여격 명사구를 포함하여 '소유'의 의미를 표현하는 러시아어 문장의 유형 역시 크게 두 가지로 나누어진다. 이 두 형태는 러시아어 외에 다른 슬라브어나 인도 유럽어, 한국어 등에서 쉽게 그 예를 찾아 볼 수 있는 앞서 밝힌 분리 불가능 소유(inalienable possession)와 분리 가능 소유(alienable possession)이다.16) 먼저 러시아어의 예를 다룬 Levine(1984)의 견해를 살펴보면 다음과 같다.

---

16) 분리 불가능 소유(inalienable possession)와 분리 가능 소유(alie- nable possession) 와 관련하여 독일어와 세르보-크로아티아어(Serbo- Croatian)에 대한 자료는 Kučanda(1996)를, 프랑스어에 대한 자료는 Tremblay(1991)를, 체코어에 관한 자료는 King(1998)을, 그리고 한국어에 관한 내용은 Kitahara(1992)와 Maling/ Kim(1992)을 참조하시오. 러시아어와 관련한 자료들은 Levine(1984, 1986)외에 Русская грамматика(1980)에서 찾아 볼 수 있다.

Levine(1984)의 의견을 따르자면, 러시아어에서의 분리 불가능 소유
는 소유의 대상이 '신체의 일부' 또는 '신체의 일부로 간주'되어지는
경우에 문장 상에서 나타난다.17) 이러한 분리 불가능 소유의 경우 러
시아어 원어민은 명사를 수식하는 생격 명사구나 소유 대명사에 비해
여격 명사구를 압도적으로 많이 사용하고 있다. 또한 이것이 더 문법
적인 문장으로 간주되어 진다. 러시아어 외에도 분리 불가능 소유를
의미하는 경우 독일어, 유고어, 프랑스어 등에서도 여격 명사구가 사용
되며, 한국어의 경우는 대격이 사용되는 예들도 찾아볼 수 있다.

(12) Ihm   klopf   das Herz. (German)
     him(여격)   beats   heart(주격)
     "그의 심장은 뛰고 있다."

                                            (Kučanda, 1996: 321에서 재인용)

(13) Kuca   mu   srce. (Serbo-Croatian)
     beats   him(여격)   heart(주격)
     "그의 심장은 박동 친다.

                                                              (Ibid.,)

(14) Je   lui   ai   touché   le   bras. (French)
     I   her/him(여격)   touched   arm
     "나는 그의(또는 그녀의) 팔을 건드렸다."

                                            (Tremblay, 1991: 25에서 재인용)

---

17) Levine(1984)가 제시한 분리 불가능 소유에 대한 정의는 Heine (1997)의 것
    보다는 협의적이고 구체적이지 않다.

(15) Zlomil   mu   ruku.(Czech)

broke   him(여격)   hand

"그는 그의 손을 부러트렸다."

(King, 1998: 2에서 재인용)

(16) John-i   Mary-lul   ppaym-lul   ttalelyo-ss-ta.

John(주격)   Mary(대격)   cheek(대격)   hit

"존이 메리를 뺨을 때렸다."

(Kitahara, 1992: 394에서 재인용)

(17a) В драке **ему**(여격) сломали ребро.

"싸우다가 그는 갈비가 부러졌다."

(17b) ?В драке его(생격) сломали ребро.[18]

(Levine, 1984: 496)

(18a) Когда он рубил дрова, Иван поранил **Петру**(여격) ногу.

"장작을 자르다가 이반은 표트르의 다리에 상처를 입혔다."

(18b) ??Когда они рубил дрова, Иван поранил **Петра**(생격) ногу.

(Ibid.,: 497)

예문 (12)는 독일어의 경우, 소유의 대상이 'das Herz'와 같이 신체의 일부분, 즉 분리 불가능 소유에 해당되는 경우 러시아어와 마찬가

---

18) 문장 앞의 의문부호--?--는 문장의 문법적, 비문법적임을 측정하는 것이 아니라, 다른 문장과 비교하여 러시아어 원어민이 자연스럽게 받아들일 수 없다는 의미이며, 수용정도(acceptability)의 상대적 차이는 의문 부호의 수로 표현하겠다.

지로 여격 명사인 'Ihm'이 소유 주체로 표현되고 있음을 알 수 있다. 또한 세르보-크로아티아어 예문 (13), 프랑스어 예문 (14), 그리고 체코어 예문 (15)에서 표현되듯이, 'srce', 'bras', 'ruku' 등과 같은 신체의 일부분이 소유의 대상이 되어서 분리 불가능 소유의 예들을 보여주고 있다. 또한 각각의 예문에서 볼 수 있듯이 소유의 주체의 경우 'mu', 'lui', 'mu'로 표현되어 여격 명사가 이들 언어에서도 사용되어짐을 알 수 있다. 하지만 예문 (16)에서처럼 한국어의 경우 분리 불가능 소유의 대상이 되는 신체의 일부분인 'ppay-lum'이 소유의 대상으로 묘사된 것은 위에서 언급한 언어들과 다름이 없지만, 소유의 주체의 경우 대격인 'Mary-lul'이 사용되었다는 점에서 주목할 만하다.[19]

전체적으로 살펴볼 때 '분리 불가능 소유'에서 여격 명사구가 절대적으로 우세한 이유는 대부분의 소유 주체와 소유의 대상의 관계가 Heine(1997)나 Levine(1984)이 밝히고 있는 것처럼 신체의 일부 또는 전체와 부분의 관계를 이루고 있기 때문이다. 이는 한 개체가 동사로 표현되는 행위로부터 영향을 받으면 당연히 그 주체에 종속되어있는 부분 역시 영향을 받게 되는 것이 지극히 자연스러운 현상이기 때문이기도 하다. 따라서 많은 언어에서의 여격 명사구의 사용 역시 자연스럽다 하겠다. 이에 반해 '분리 가능 소유'에서는 상대적으로 두 개체,

---

19) 이외에도 영어에서는 분리 불가능 소유를 나타내는 경우 전치사구를 동반하여 표현되어지는 것을 알 수 있다. 다음의 예들을 살펴보자.
　　a) He kissed her on the cheek. "그는 그녀의 볼에 키스했다"
　　b) Bob hit me on the back. "밥은 나의 등을 쳤다."
　위의 (a), (b) 예문에서 볼 수 있는 것처럼 소유의 주체는 각각 대격 'her', 'me'로 표현되어지고, 소유의 대상 'cheek' 과 'back'은 전치사구내에서 묘사되어짐을 알 수 있다.

즉 소유의 주체와 소유의 대상의 관계가 밀접하지 않기 때문에 러시아
어의 경우에서는 생격 명사구와 여격 명사구가 모두 사용되어 질 수는
있지만, '분리 불가능 소유'에서의 개념 내지는 사용 방법의 영향을 받
아 여격 명사구가 사용되는 경우는 감정적 이입이 자연스럽게 드러난
다고 할 수 있다. 이에 대한 자세한 설명은 뒤에서 다시 언급하고자 한
다. 다음에서는 러시아어의 예들을 좀더 면밀히 살펴보고자 한다.

러시아어의 경우 예문 (17a, b)와 (18a, b)에서 알 수 있는 것처럼
예문 (17a, b)의 'ребро'('갈비(뼈)')와 (18a, b)의 'нога'('다리')는 엄연
히 신체의 일부분이다. 따라서 신체의 일부분이 소유의 대상이 되어서
표현되는 문장의 경우 (17b), (18b)에서의 생격 명사구의 형태보다는
(17a)과 (18a)처럼 여격 명사구의 형태가 사용되어지고 받아들여진다.

하지만 Levine(1984)의 주장에 따르면 소유의 대상이 되는 것이 신체의
일부분인 경우에도 생격이 여격과 더불어 쓰이거나, 심지어는 생격이 여격
보다 선호되어지는 경우도 있다는 것이다. 이러한 경우는 다분히 한정된 상
황에서 그 예를 발견할 수 있다. 다시 말해서 사람과 그 사람의 신체 일부
가 발화된 사건에 있어서 하나의 전체적인 단위로서 간주되는 것이 아
니라, 개별적인 실체로서 여겨지는 경우에 문장 상에서 나타난다.[20]

(19a) **Ей**(여격) ампутировали ногу.

   "그녀의 다리를 절단했다."

(19b) **Eё**(생격) ногу ампутировали.

---

20) This occurs under just those conditions when the person and the part
of his body are not being treated as a unified whole, but rather as
individuated entities in the event. (Levine, 1984:497)

Levine(1984)의 설명대로라면, 예문 (19a)는 그 여자에게 무슨 일이 일어났는가를 말해주고 있는 반면, 예문 (19b)의 경우는 그 여자가 아닌 그 여자의 다리에 일어난 일에 문장의 초점이 맞추어져 있다고 할 수 있다. 따라서 '소유'의 대상이 예문 (19b)에서 상대적으로 예문 (19a)에서 보다는 더 개별화(individuated)되었다고 간주되어 진다.

이외에도 Levine(1984)은 소유 주체가 생격 명사의 형태를 갖느냐 여격 명사구의 형태를 갖느냐에 영향을 주는 요인들을 제시하고 있다. 문장에서 신체의 일부가 문두(文頭)에 오느냐 문미(文尾)에 오느냐 즉, 예문 (19b)처럼 'нога'가 구정보 위치(theme)를 차지하는 경우에는 생격이, 예문 (19a)와 같이 신정보 위치(rheme)위치를 차지하는 경우에는 여격이 선호되어진다. 또한 다음의 예문들에서 보여 지는 것처럼 소유의 대상이 되는 NP가 형용사에 의해 수식을 받는 경우에는 여격보다는 생격이 선호된다. 아래의 예에서 볼 수 있듯이 예문 (20a, b)와 같이 형용사가 첨가되지 않는 경우는 위에서 언급한 것처럼 여격이 선호되어서 쓰이지만, 예문 (20c, d)에서처럼 형용사 수식을 받는 경우에는 반대의 경우가 나타난다.

(20a) Он посмотрел **ей**(여격) в глаза.

"그는 그녀의 눈을 바라보았다."

(20b) ?Он посмотрел в **её**(생격) глаза.

(20c) ?Он посмотрел **ей**(여격) в красивые глаза.

(20d) Он посмотрел в **её**(생격) красивые глаза.

"그는 그녀의 아름다운 눈을 바라보았다."

분리 불가능 소유와 더불어 러시아어 문장에서 빈번히 사용되어지는 분리가능 소유는 소유의 대상이 신체 일부가 아닌 경우에 해당된다고 하겠다. 이러한 경우 Levine(1984)의 주장에 따르면, 여격 명사와 소유 대명사 또는 생격 명사가 동일하게 받아들여진다.

(21a) Прачка спалила **ему**(여격) рубашку.

(21b) Прачка спалила **его**(생격) рубашку.

　　　"세탁하는 여자가 그의 셔츠를 태웠다."

(22a) Бабушка избаловала **мне**(여격) сына.

(22b) Бабушка избаловала **моего**(생격) сына.

　　　"할머니가 내 아들을 버릇없게 망쳐놨다."

(23a) Он разбил **отцу**(여격) машину.

(23b) Он разбил машину **отца**(생격).

　　　"그는 아버지의 차를 박살냈다."

(Levine, 1984: 494)

예문 (21a, b), (22a, b), (23a, b)에서 볼 수 있는 것처럼 소유의 대상이 신체의 일부가 아닌 경우--'셔츠', '아들', '자동차'--생격과 여격이 동일한 수용 정도(acceptability)를 가지고 사용되어지고 있다. 위의 예문 (21a, b), (22a, b), (23a, b)를 통해서 Levine(1984)이 그의 논문에서 밝히고 있는 생격의 형태와 여격의 형태를 포함하고 있는 두 문장들 간의 차이는 단지 미묘한 문체적, 그리고 의미적 차이라는 것이다. 다시 말해서 여격을 사용하는 (21a), (22a), (23a)가 문체적으로 '구어체'적인 반면, 생격을 사용하고 있는 (21b), (22b), (23b)는 그 문체에 있어서 여격을 사용한 것보다는 '중립적(neutral)' 이라고 Levine(1984)은 말하고 있다.

하지만 위의 러시아어 자료 선택에 있어서 Levine(1984)은 비교의 대상을 일관성 있게 선택하지 못했음을 우리는 알 수 있다. 다시 말해서 (21a)와 (22a)는 인칭 대명사 'он'과 'я'의 여격 형태인 'ему'와 'мне' 를, (21b)와 (22b)는 'он'과 'я'의 소유 대명사인 'его', 'моего'를 각각 비교했음을 볼 수 있다. 하지만 (23a)과 (23b)에서는 일반 명사의 생격과 여격 형태인 'отца, отцу'을 비교의 대상으로 선택하였다. 다시 말해서 동일하지 않은 문법 범주에 속한 자료들을 가지고 그 차이점을 설명하고 있다는 것이고, 따라서 인칭 대명사와 소유 대명사의 비교를 통해 얻어낸 결과를 가지고 일반 명사의 경우까지도 일반화하여 설명하고자 하는 Levine의 주장을 모두 받아들이기는 어렵다. 이외에도 (22a, b)의 문장을 Levine(1984)은 분리 가능 소유의 예로 분류하고 있다. 하지만 앞서 밝혔듯이, Heine(1997)의 정의에 의하면 가족간의 관계는 분리 가능 소유가 아닌 분리 불가능 소유로 구별된다. 또한 Levine(1984) 역시 분리 불가능 소유의 대상이 '신체의 일부' 또는 '신체의 일부로 간주되는 것'이라고 밝혔는데, 가족 관계는 '신체의 일부로 간주'되어 질 수 있기 때문에 분리 불가능 소유로 구별되어야 한다. 따라서 Levine(1984) 이 선정한 비교 대상의 기준에 문제점이 있음을 알 수 있다.

Levine(1984)의 주장을 바탕으로 의미론적 그리고 화용론적 관점에서 생격 명사와 여격 명사를 통해서 러시아어에서 나타나는 네 가지의 소유 구문 형태--분리 불가능 소유와 분리 가능 소유 각각 두 가

지씩--을 도식화 해보면 다음과 같다.

(24) 의미론적/화용론적 '소유'(생격과 여격)

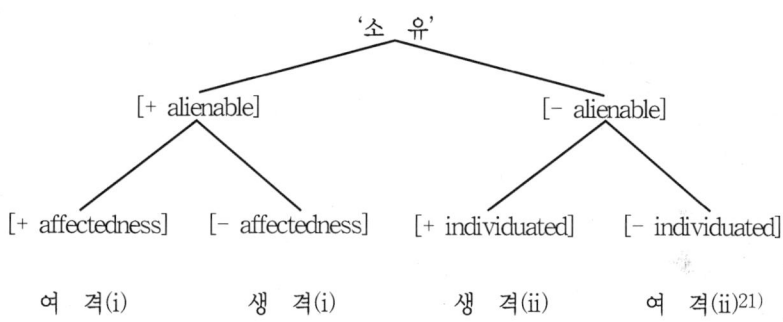

'소 유'

[+ alienable]   [- alienable]

[+ affectedness] [- affectedness]   [+ individuated] [- individuated]

여 격(i)   생 격(i)   생 격(ii)   여 격(ii)21)

Levine(1984)의 논문의 내용은 (24)으로 간단하게 도식화 할 수 있
다. 그가 밝힌 내용이 위의 도표처럼 명확하지는 않지만, [- alienable]
인 경우, 즉 분리불가능 소유인 경우는 예문 (17a), (18a)처럼 여격(ii)
의 빈도가 압도적이다. 하지만 '소유'의 대상이 개별화된(individuated)
경우는 생격(ii) 역시 가능한 문장임을 예문 (19b)에서 찾아 볼 수 있었
다. 이에 반해 예문 (23a)과 (23b)에서처럼 [+ alienable]의 자질을 갖
는 분리 가능 소유인 경우 여격(i)과 생격(i)의 미묘한 의미적 차이 외
에는 통사론적으로는 두 문장간의 차이점을 찾을 수 없다는 것이
Levine(1984)의 최종적인 결론임을 알 수 있다.

② 러시아어에서의 분리 가능 소유(Alienable Possession)

분리 가능 소유를 나타내는 생격과 여격 명사구에 관한 논의에 앞
서, 먼저 왜 분리 불가능 소유에 대한 내용이 본 연구에서는 제외되

---

21) 자질 [± affectedness]에 대한 자세한 설명은 다음절 2.22를 참고하시오.

는 지를 밝히고자 한다. 앞서 Levine(1984)의 다양한 러시아어 예들에서 밝혀진 것처럼, 분리 불가능한 소유의 대상을 나타내는 경우에 있어서 러시아어 원어민들은 생격으로 표현되는 소유의 주체보다 여격으로 나타나는 소유의 주체를 절대적으로 선호하고 있음을 알 수 있었다. 이러한 현상은 러시아어에서 뿐 만 아니라, 여격의 형태를 가지고 있는 기타 다른 언어들에서도 공통적으로 나타나는 현상임을 또한 예문 (12), (13), (14), (15), (16)을 통해서 확인할 수 있었다. 따라서 본 연구의 궁극적인 목표가 생격과 여격 명사구를 통해서 발현되는 '소유' 의미의 차이가 갖는 모습을 밝히는 것인데, 만약 분리 불가능 소유에서 나타나는 것처럼 여격 명사구가 생격 명사구 보다 그 사용 정도와 발생 빈도에 있어서 절대적으로 우위에 있다고 한다면, 두 격(case)의 차이를 밝히고자 하는 시도는 무의미하다 하겠다. 이러한 이유로 인하여 본 연구에서는 분리 불가능 소유에 대한 논의가 아닌 분리 가능 소유를 나타낼 수 있는 생격과 여격 명사구에서 구현되는 두 격(case)간의 차이점을 심층적으로 살펴보고자 한다.

앞 절의 내용 중에서 본 연구에서 중점적으로 다루어할 부분은 분리 가능 소유를 나타내는 생격 명사구와 여격 명사구의 구조이다. 과연 Levine(1984, 1986)의 주장처럼 예문 (23a)와 (23b)사이에는 의미적 차이가 미세하고, 그리고 통사적 차이점은 존재하지 않는지, 만약 존재한다면 어떻게 확인하고 설명할 수 있는지를 밝혀야 한다.

먼저 Levine(1984, 1986)의 주장을 더 자세히 살펴보자. '소유'의 의미를 지니는 문장에서 생격 명사구와 여격 명사구를 선택하는 기준은 의미적 요소에 있다고 Levine(1984, 1986)은 설명하고 있다. 반면에 소

유자가 생격 명사구로 표현되든 여격 명사구로 표현되든 이 둘 사이에
는 어떤 통사적 차이점도 없다는 것이 또한 Levine(1984)의 주장이다.
그는 또한 소유에 관한 표현에서 생격 명사구와 여격 명사구 사이에는
단지 '미세한 의미적 차이(subtle semantic distinction)'만이 존재한다는
것이다. Levine(1984)의 주장이 전적으로 의미적 분석에만 근거하고
있기 때문에, 그는 Jakobson(1936/1962)의 제안을 다시 한번 확인하는
데 그치고 있다. 다시 말해서 여격이 [+ directional]의 자질을 보이는
데 반하여, 생격은 [- directional]의 자질로서 표현되어진다는 것이다.
그렇기 때문에 여격 명사구를 가진 문장에서 행동의 영향(effect of
action)이 소유의 대상(possessed object)뿐 아니라 소유 주체에게까지도
그 영향을 미친다는 것이다. 이를 전제로 Levine(1984)은 'affectedness
(=영향성(影響性))' 자질이 생격 명사구를 제치고 여격 명사구를 선택
케 하는 요소로 문장 내에서 작용한다고 주장하고 있다. 이러한 미세한
의미의 차이는 또한 화자가 어떠한 의도를 가지고 이야기하는가에 따
라 결정된다. 다음의 두 문장은 [± directional] (=[± affectedness])의
자질이 문장의 의미에 어떠한 차이를 가져다주는지를 보여주고 있다.

(23a) Он разбил **отцу**(여격) машину.

(23b) Он разбил машину **отца**(생격).

위의 두 문장은 앞서 살펴보았던 것들이다. 위의 두 예문 (23a, b)
는 화자의 실용적인 선택(pragmatic option)이 생격과 여격의 선택에
어떻게 영향을 끼치는가를 보여주고 있다. Levine(1984)에 의하면 화
자의 입장에서 보면, 화자가 행동의 영향 범위를 소유 주체에게까지
미칠 수 있도록 강조 하고자 한다면, (23a)에서와 같이 여격을 택할

것이다. 이 경우 화자는 여격의 선택을 통해 소유 주체(отец '아버지')가 소유물(машина '자동차')에 대해 발생한 일에 대해 어떤 감정이 생겼음을 나타내게 된다. 즉, 소유 주체가 화가 났거나 하는 등의 감정의 이입(empathy)을 더불어 표현할 수 있는 것이다. 이와 반대로 만약 화자가 이러한 정보를 문장 내에 포함시키지 않고, 단순히 소유 주체가 누구인가만을 나타내고 싶은 경우는 (23b)에서처럼 생격 명사나 소유 대명사를 선택한다는 것이다.

결론적으로 Levine(1984)은 분리 가능 소유를 표현할 수 있는 생격 명사구와 여격 명사구 구조를 가진 러시아어 문장에 대한 설명 및 차이점을 의미론적, 그리고 화용론적인 관점을 가지고 설명하고자 했다. 하지만 이는 앞서 지적했듯이 예문 (21a, b), (22a, b), 그리고 (23a, b)에서 나타난 것처럼 비교 대상이 되는 러시아어 자료에 대한 선택의 오류, 다시 말해 (21a, b)와 (22a, b)가 여격과 생격의 비교를 위해 인칭 대명사와 소유 대명사를 예시하고 있는데 반해, (23a, b)는 일반 명사의 생격과 여격을 예문에서 보여주고 있는 점이 문제가 될 수 있다. 이러한 다른 품사를 동일한 범주 내에서 비교하는 것은 정확한 결과를 도출하기 어렵다. 이는 예문 (21a, b), (22a, b)의 인칭 대명사와 소유 대명사는 이들이 가지고 있는 어휘 특성상 이미 언급된 명사를 지칭하는데 반해, (23a, b)의 일반 명사는 그렇지 못하다. 따라서 정황과 화자와 청자간의 정보의 전달 방법을 중요시하는 의미론, 화용론에서 Levine(1984)의 비교 방법은 적합하지 않을 수 있다. 또한 가족 관계를 나타내는 (22a, b)를 분리 불가능 소유의 대상이 아닌 분리 가능 소유로 구분하여 설명한 점 역시 그가 제시한 기준에 반한다 하겠다. 이외에도 의미론적 그리고 화용론적 측면만을 강조한 채 통사론적 측면을 전적으로 배제했다는 점 등에서 Levine(1984)의 논문이 보여주고 있는 취약점을 발견할 수 있겠다. 이렇듯 의미론과 화용론적 입장만을 견지한 채로 분리 가능 소유의 의미를 연구하여 설명하고자 했던 Levine(1984)의 주장을 본 연구에서는 통사론적 입장에서 조명하고자 한다. 또한 본 연구에서 분리 불가능 소유에 관한 내용을 배제하고자 하는 이유는 이미 앞서 밝혔듯이 분리 불가능 소유를 표현하는 (17a, b), (18a, b)와 같은 러시아어 예문에서 여격 명사구가 생격 명사구를 우선하여 원어민에 의해 사용되어진다는 점이 밝혀졌기 때문이다. 따라서 다음 장에서는 분리 가능 소유를 표현할 수 있는 생격과 여격 명사구의 구조 중에서 먼저 생격 명사구가 갖는 일반적인 의미를 살펴보고자 한다. 덧붙여서 생격 명사구가 가지는 일반적인 의미에서 출발하여 이러한 의미를 가지는 생격 명사구의 구조가 지배 결속 이론에서는 어떻게 표현되어야 하는지를 III장에서 알아보고자 한다.

# 러시아어 생격 명사구의 구조

앞장에서 살펴보았듯이 본 연구에서 비교하고 설명하고자 하는 러시아어 문장의 유형은 분리 가능 소유(alienable possession)를 나타내는 생격 명사구와 여격 명사구의 구조이다. 두 문장 유형의 차이를 통사론적 지배 결속 이론에 의한 방법을 통해서 설명해 보고자 한다. 따라서 지배 결속 이론에 입각하여 생격 명사구와 여격 명사구의 구조에는 어떤 것이 있는가를 먼저 살펴보아야 하고, 분리 가능 소유를 가장 잘 설명해 주고, 그 차이를 가장 확연히 보여줄 수 있는 구조를 찾고자 한다. 따라서 본 장에서는 먼저 러시아어의 생격 명사구의 구조에 대한 다양한 학자들의 견해를 살펴보고 가장 설득력이 있는 구조를 선택하고자 한다.

1. 생격 명사구 수식 어구

지배 결속 이론에 입각하여 생격 명사구의 구조를 파악하기에 앞서 Русская грамматика(1980)에서는 생격 명사구를 어떻게 설명하고 있는지를 알아보고자 한다. Русская грамматика(1980)는 생격으로 표현 가능한 명사 수식어의 종류를 '의미'에 근거하여 제시하고 있다.

(25) '주어적' 수식어구

(25a) бледность **лица**. (=лицо бледно.) "하얀 얼굴"

(25b) помощь **соседей**. (=соседи помогают.) "이웃의 도움"

(26) '목적' 또는 '기능'을 의미하는 수식어구

(26a) школа **поваров**. "요리사를 위한 학교"

(26b) месяца **письма**. "편지 쓰기의 달"

(27) '존재'를 의미하는 수식어구

(27a) страна **озер**. "호수의 땅"

(27b) дом **обуви**. "신발의 집"

(28) '소속'을 의미하는 수식어구

(28a) член **партии**. "당 (소속) 일원"

(28b) работник **колхоза**. "집단 농장의 일꾼"

(29) '연합' 또는 '기원'을 의미하는 수식어구

(29a) закон **Вакернагеля**. "Wackernagel 법"

(30) '단정'을 의미하는 수식어구

(30a) мастер **спорта**. "운동의 달인"

(30b) город **детства**. "아이들의 도시"

(31) 은유적 수식어구

(31a) лента **воспоминаний**. "기억의 끈"

(31b) стадо **облаков**. "구름 떼"

(32) 소유자

(32a) 분리 가능 소유: книга **Ивана**. "이반의 책" ("=이반이 가지
    고 있는 책")

(32b) 분리 불가능 재산: результат **поездки**. "여행의 결과"

(32c) 분리 불가능 신체적 소유: нога **отца**. "아버지의 다리"

위의 예문들에서 볼 수 있는 깃처럼 Русская граммтика(1980)에서
제시하고 있는 생격 명사구에 대한 설명은 종류에 대한 단순한 목록
이며, 이에 대한 분류의 근거는 쓰여 진 용법, 즉 '의미'의 차이만을
반영하고 있다. 따라서 생격 명사구가 가지고 있는 심층적인 구조적
차이나 수식 받는 명사구와의 관계 등을 설명할 수는 없다. 이러한
점을 보다 명확히 밝히기 위해 통사론에서 사용하고 있는 지배 결속
이론에 입각하여 언급한 러시아어 예문들을 분석하고자 한다.

2. 생격 명사구 구조에 있어서의 영어와
   러시아어의 차이점

지배 결속 이론에 의한 러시아어 생격 명사구를 살펴보기에 앞서
Chomsky(1981-a)가 설명하고 있는 영어의 생격 명사구 구조를 살펴
보고, 그의 주장이 러시아어에도 적용되어질 수 있는지를 검증해보자.
    Chomsky(1981-a)는 영어에서의 소유 구문은 핵 명사(head noun)
가 D-구조에서 소유자(possessor)에게 생격을 할당한다고 주장한다.

Chomsky(1981-a)는 생격을 고유격(inherent case)으로 간주하기 때문에 격 할당(case assignment)은 반드시 D-구조에서 실행 되어야하며, 실질적인 격 실현(case realization)은 S-구조 전까지는 나타나지 않는다고 이야기한다. 따라서 D-구조에서 일어나는 격 할당으로 인해 소유 주체가 지정어(specifier) 위치로 이동해도 소유 주체는 생격을 유지하고 있게 된다. 다음의 수형도(tree diagram)들 중 (33)는 D-구조에서의 소유의 모습을, (34)과 (35)는 S-구조에서 (33)의 구조가 과연 어떻게 실현될 수 있는가를 보여주고 있다.

(33)

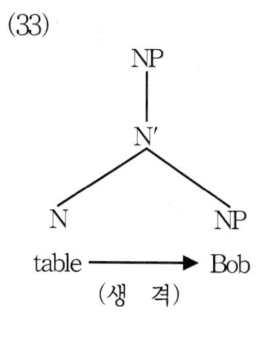

D-구　조: [Bob1]

(34)

(35)

S-구조: Bob's [table [e]]

S-구조: [table [of Bob]][22]

수형도 (33), (34), (35)의 분석으로 얻을 수 있는 결과는 소유 주체가 할당받는 생격은 핵(head)의 오른쪽에 있을 경우에만 가능하다는 것이다. 따라서 D-구조에서 격(case)이 할당된다는 Chomsky(1981-a)의 견해를 따르면 (34)와 같이 생격이 왼쪽 분지(left-branching)하는 경우나 (35)와 같이 오른쪽 분지(right-branching)하여 생격을 할당받는 경우를 각각 상정하지 않아도 된다. 이는 D-구조에서 S-구조로 변환되는 과정에서 (34)와 같은 경우는 소유 주체가 흔적(trace)을 남긴 채 상위 NP의 지정어(Spec)자리로 이동이 가능하고, (35)의 예에서는 영어에 있는 현상인 전치사 'of' 삽입('of' insertion)을 통해서 S-구조의 도출이 가능하기 때문이다. 따라서 영어 자료의 도출을 위해서는 이동과 삽입이라는 두 가지의 이질적인 변형의 과정을 거쳐야 한다.

Durrant(1995)에 의하면 이러한 Chomsky(1981-a)의 분석에서 약점이 발견된다고 한다. 그것은 Chomsky(1981-a)가 두 가지 가능한 S-구조인 (34)와 (35)의 차이점을 언급하지 않았다는 것이다. Chomsky(1981-a)는 두 S-구조가 모두 동일한 D-구조에서부터 도출되었다는 것을 가정했을 뿐, 이 두 가지의 다른 현상에 대해 전혀 동기를 부여하지 않았다는 것이다. 다시 말해서 이동과 삽입이라는 두 가지 다른 방편을 통해 발현된 S-구조의 실제적 현상을 설명하기에는 Chomsky (1981-a)의 주장은 미비하다는 것이다. 게다가 일부 영어 원어민이 이 두 예문 --(34), (35)--간에 의미상의 차이가 있음을 지적한다는 것이다. 다시 말해서 일반적으로 'of'가 삽입된 소유의 구조는 대조나 강조를 위한 경우에 쓰인다고 한다.[23] 그렇다면 수형도 (34), (35)이 동일한 D-구조에

---

22) 이탤릭체의 'e'는 'empty'의 약자로서 그 위치에 있던 개체가 이동하고 난 이후 빈자리로 남아있는 것을 표시해준다.

서 출발하였다는 Chomsky(1981-a)의 주장은 더욱 설득력을 잃는다. 다음절에서는 이러한 Chomsky(1981-a)의 생격 명사구에 대한 설명이 러시아어에서는 어떻게 적용되어 질 수 있는 지를 검증해 보고자 한다.

1) Chomsky(1981-a) 분석의 러시아어 적용

앞에서 제안되었던 Chomsky(1981-a)의 분석을 러시아어에 적용하여 보고 그 적합성을 검증해보자. 다음의 두 예문 (36a), (36b)는 Chomsky (1981-a)의 제안을 근거로 하여 도출했을 때, 문법적으로 아무 문제가 없어야 하는 러시아어 예들이다.

(36a) [стол [Ивана]]

　　(생 격)

(36b) *Ивана [стол [e]]

　　(생 격)

Chomsky(1981-a)의 주장과는 다르게 러시아어에서는 (36b)의 예문은 비문법적임이 드러난다. Chomsky(1981-a)의 제안에 따라 러시아어 문장을 수형도로 표기하여 보면 다음과 같다. 수형도 (37)은 D-구조를, 수형도 (38)와 (39)는 각각 도출 가능한 S-구조를 나타낸다. 아래의 수형도에서 중요한 사실은 영어의 경우 D-구조의 (33)에서 도출된 S-구조 (34)와 (35)가 모두 문법적인데 반해서, 러시아어의 경우 핵 명사구(стол)뒤에 위치하는 생격 명사구(Ивана)를 가진 (39)

---

23) Typically, possessives using of-insertion will be used in contrastive or emphatic constructions. (Durrant, 1995: 26)

만이 문법적이라는 것이다.

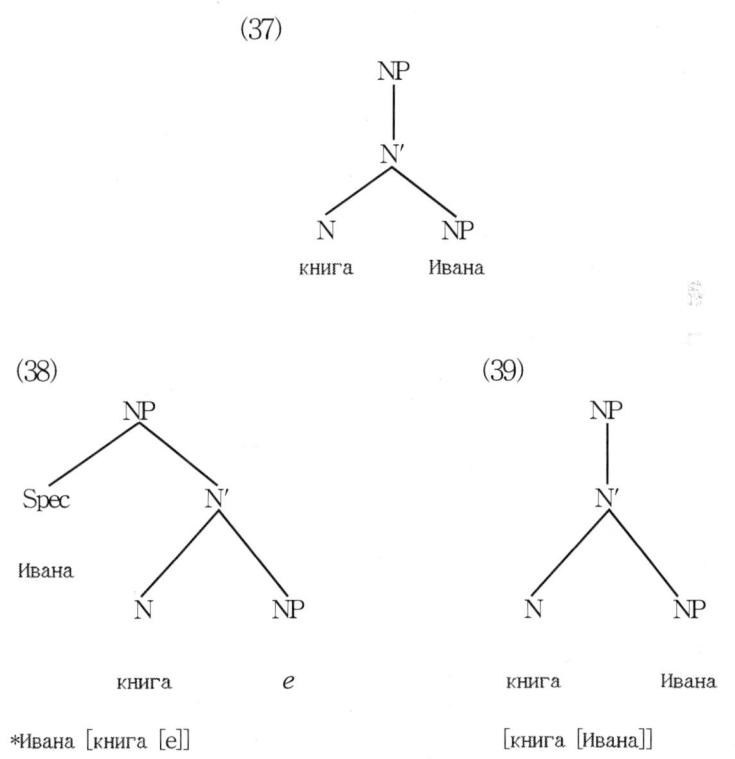

(37)

NP
　|
　N′
N　　NP
книга　Ивана

(38)

NP
Spec　　N′
Ивана
　　　N　　NP
　　книга　　*e*

*Ивана [книга [e]]

(39)

NP
　|
　N′
N　　NP
книга　Ивана

[книга [Ивана]]

　영어와는 다른 현상을 보여주는 (38)의 비문법성은 러시아어에서 소유 주체인 '*Иван*'의 지정어(Spec)자리로의 이동을 허가하지 않고, 소유 주체는 기저에서 생성된 자리(base-generated position)에 반드시 남아 있어야 하는 것으로 설명할 수 있을 것이다. 하지만 Chomsky (1981-a)의 주장을 바탕으로 한 구조를 러시아어에 적용했을 때, 왜 (38)는 비문으로 그리고 (39)만이 문법적인 문장으로 남아야 하는가에 대한 설명이 뒤따라야 하겠다. 다시 말해서, 영어 문장의 도출을 위해

도입된 이동과 삽입의 두 가지 변형(transformation)이 왜 러시아어에
서는 동일하게 적용되어지지 않는가에 대한 물음인 것이다. 가장 큰
이유는 생성 문법이라는 이론의 틀이 영어라는 언어 도구(language
tool)를 이용하여 만들어졌기 때문이다. 즉 지배 결속 이론은 영어가
중심이 되어서 이론이 전개되기 때문에 영어에서 나타나고 표현되는
문장 형태를 통해서 이론이 맞추어지고 설명되어진 것이다. 그렇기 때
문에 생성 문법이 궁극적으로 추구하는 것이 보편 문법(Universal
Grammar)의 완성이기는 하지만, 다른 언어 자료들을 기초로 하여 전
개될 때에는 이론의 취약점이 발견되는 것이 당연한 것이라 하겠다.
그런 이유로 인해 수형도 (34)와 (35)를 설명하기 위해 러시아어의
(39)구조보다는 상대적으로 복잡한 이동과 'of' 삽입이라는 규칙이 만
들어지고 첨가된 것이고, 이를 바탕으로 러시아어 구조를 설명하게 되
면 자연히 비문이라든가 논리에 맞지 않는 설명들이 돌출할 가능성이
있다.24) 따라서 Chomsky(1981-b)는 이러한 현상들로 인해 지배 결속
이론을 '원리와 매개변인(Principles and Parameters)'로 바꾸어 명칭을
정했으며, 생성 문법의 기본적인 틀에서 당연히 발생하는 각 언어의
특이 사항을 영어와 비교하여 언어 특이(language specific)현상으로
간주하여 이론을 전개했다고 할 수 있다.

　따라서 러시아어의 생격 구문에 대한 구 구조(phrase structure)는
이동과 삽입의 변형이 배제된 'N의 자매' 위치에 나타나는 (39)와 같
은 형상(configuration)을 갖는 것으로 일단 간주하고자 한다. 하지만

---

24) 이는 문법 체계가 단순하면 할수록 더 나은 문법 체계라는 단순성 척도
　　(Simplicity Metric)에 입각하여 생각해보면, 영어보다는 러시아어의 구
　　조가 더 나은 체계를 가지고 있는 것으로 여겨 질 수도 있다.

Chomsky(1981-a) 이후에 러시아어의 생격 명사구 구조의 설명을 위해 다른 학자들이 제시한 의견들에는 어떤 것이 있는지 살펴보겠다.

3. Chomsky(1981-a)이후의 생격 명사구 구조에 대한 견해

Chomsky(1981-a)이후의 여러 가지 주장들 중에서 생격 명사구 구조를 가장 잘 설명해주는 견해로 여겨지는 것이 한정사구(Determiner Phrase: DP)[25]를 이용한 설명이다. Fukui와 Speas(1986)는 영어에 있어서 '-'s'의 생격은 기능 범주인 한정사구의 핵의 위치에서 기저 생성된(base generated) 격 할당자(case assigner)라고 주장한다. 따라서 이 요소는 지정어(Spec)위치에 있는 소유 주체에게 격(case)을 할당할 수 있는 자격을 갖추게 된다. 만약 영어에서의 'the'와 같이 격 할당을 할 수 없는 한정사가 한정사구의 핵의 위치를 차지하는 경우는 어떤 요소도 [Spec, DP]의 위치를 차지 할 수 없게 되며, 이는 핵인 한정사(DET)가 상위의 단계까지 투사하지 못하게 되어 자연히 지정어 위치 역시 존재하지 않게 된다. 다음의 수형도 (40)과 (41)은 각각 한정사구(DP)의 핵(head)인 한정사(DET)가 생격 할당자(genitive case assigner)인 경우와 무격 할당자(non-case assigner)인 경우를 나타내고 있다.

---

25) 생성 문법에서 사용되는 용어로 크게 두 가지의 범주(範疇)로 나누어 볼 수 있다. 명사구(NP), 동사구(VP), 형용사구(AP)등은 어휘 범주(Lexical category) 에 속하고, 보문자구(CP), 굴절구(IP), 한정사구(DP)등은 기능 범주(Func- tional category)에 속한다.

(40) 생격 할당

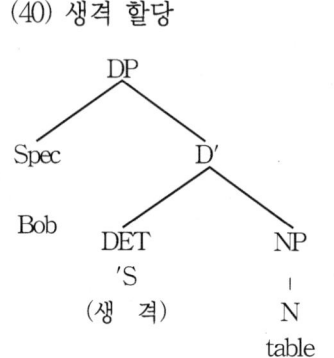

(41) 무격 할당

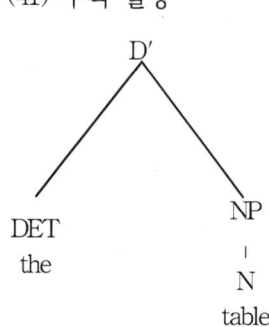

(42) Bob's table

(43) the table

(44) *Bob's the table

(42)의 예문은 수형도 (40)에서처럼 격 할당자의 역할을 하는 한정 사구의 핵인 '-'s'가 한정사구의 지정어 자리를 차지하는 'Bob'에 생격 을 할당하여 문법적으로 적법한 문장을 구성한다. 그리고 예문 (43) 역시 무격 할당자인 'the'가 한정사구의 핵 위치를 차지한 채 지정어의 위치에 아무런 격(case)도 할당하지 않고서 적법한 형태를 이루는 (41)과 같은 무격할당자의 모습을 보여주고 있다. 따라서 위의 분석이 가지고 있는 장점은 영어에서 관사(articles)와 소유 주체(possessor) 가 왜 동시에 나타나지 않는가를 논리적으로 설명할 수 있다는 것이다. 이는 생격 할당자인 ''s'가 한정사의 핵 위치에 무격 할당자인 관사 'the'와 동일한 위치를 차지하고 있기 때문에 소유 주체가 한정사와 더

불어 예문 (44)과 같이 명사 앞에 놓일 수 없는 것이다.

그렇다면 이와 같은 장점을 가진 영어에서의 한정사구를 이용한 생격 명사구 구조의 분석이 과연 러시아어의 생격 명사구를 설명하는데 적합한지를 살펴보자.

1) Fukui와 Speas(1986) 분석의 러시아어 적용

아래의 수형도 (45)은 Fukui와 Speas(1986)의 견해를 생격 명사구 'Иван'을 포함하는 러시아어 예에 적용한 것이다.

(45)

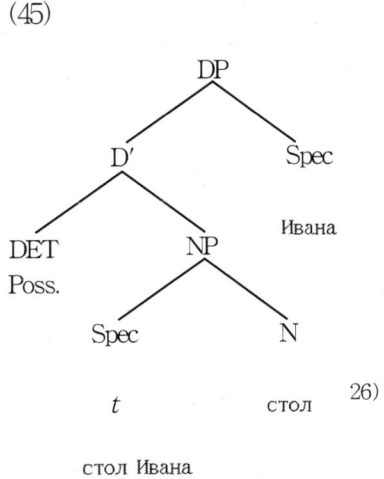

стол Ивана

Fukui와 Speas(1986)의 분석을 러시아어에 적용했을 때 위의 수형도 (45)에서 볼 수 있듯이 적어도 두 가지의 문제점을 발견할 수 있다. 첫 째는 (40)의 영어의 예에서 생격 할당자가 음성적 실체를 가

---

26) 이탤릭체의 't'는 영어 'trace'의 약자로 개체가 이동한 후의 흔적을 표시해준다.

지는 '-'s'로 한정사구의 핵(DET)의 자리에 나타나는 반면, 러시아어의 구문을 설명하기 위해서는 음성적 실체가 없는 격 할당자(null case assigner)를 한정사구의 핵(DET)위치에 설정해야만 하는데, 과연 이러한 격 할당자가 가능한지가 문제이다. 다시 말해서, NP, AP, PP 등과 같은 어휘 범주가 아닌 기능 범주 중의 하나인 DP(한정사구)가 격(case)을 어떻게 할당 할 수 있는가의 문제이다.[27] 만약 한정사구의 핵이 생격을 할당하는 일이 가능하다고 해도, 왜 생격만 할당이 되며 다른 격(case)은 할당되어지지 않는가가 또한 문제시 될 수 있다. 두 번째는 [Spec, DP]가 D′의 오른쪽에 위치하여 수형도 상에서의 분지의 방향(directionality of branching)이 일관성을 유지하지 않음을 인정해야만 한다.[28] 일반적으로 특정한 한 언어 내에서 분지의 방향은 오른쪽이나 왼쪽으로 정해지기 마련이며, 이러한 것이 해당 언어의 특징을 규정짓는 요소 중의 하나가 된다. 따라서 과연 이러한 약점을 수반하는 한정사구를 이용한 생격 명사구의 구조를 러시아어에서 따라야 하는지에 대해서는 의문시된다.

---

27) 물론 기능 범주 중의 하나인 IP는 IP의 Spec. 자리에 주격을 할당하고 있다. 하지만 이러한 경우는 IP가 Agr.(Agreement)의 요소, 즉, 일치의 자질을 지니고 있기 때문에 가능한 것으로 설명되어질 수 있다. 또한 최근에는 IP의 Spec. 자리의 주격 할당은 동사구 내부 주어 가설 (VP Internal Subject Hypothesis)로 설명되어서 IP의 Spec. 자리로의 주격 할당에는 문제가 없는 것으로 여겨진다.

28) [Spec, D]외에는 왼쪽 분지(left branching)를 러시아어에서는 일관되게 유지하고 있음을 알 수 있다.

2) Franks(1995) 분석의 약점

Fukui와 Speas(1986)외에 실질적으로 한정사구 가설(Determiner Phrase hypothesis)[29]을 적용하여 Franks(1995)는 러시아어 생격 명사구의 구조적 위치를 정해보고자 했다. 영어에서와 마찬가지로 생격 명사구의 구조적 위치는 한정사구의 지정어 자리를 차지하게 된다. Franks (1995)가 지적한 바와 같이 한정어(determiners), 지시어(demons- trative), 소유 형태소(possessive morpheme) 등과 같은 기능적 요소가 한정사구의 핵(head)이 될 자격이 있다.[30] 따라서 명사구는 자연히 한정어의 보어(complement)가 된다. 예를 들어서 영어의 'father's car'는 수형도 (40)과 동일한 구조를 나타낼 것이다. 영어의 'father's car'에 상응하는 러시아어 구문을 살펴보자.

(46a) [NP машина [NP отца]]

(46b)

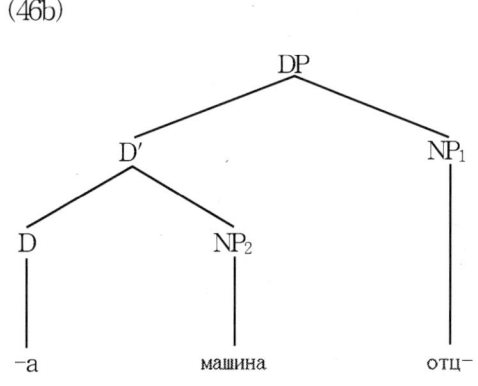

---

29) 한정사구에 대한 내용은 Fukui와 Speas(1986)외에 Abney(1987), Stowell (1989)등에 의해서 주장되고 보완되어졌다.

30) The DP is headed by functional elements such as determiners, demons- tratives, and the possessive morpheme. (Franks, 1995: 13)

영어의 구조 (40)에서와 같이 보여 지는 한정사구 가설과는 달리, 러시아어에서는 (46b)에서처럼 한정사구를 통해서 생격 명사구 구조를 설명하기 어렵다. 왜냐하면 한정사구의 지정어(NP₁)를 보충어(NP₂)뒤에 위치시킬 수 없기 때문이다. 물론 러시아어에서도 'свой'와 같은 재귀 대명사나 'ero, eë'와 같은 소유 대명사는 이 한정사구를 이용해서 설명할 수 있지만, 명사를 수식하는 생격 명사구(adnominal genitive)인 경우는 (46b)에서 나타난 것처럼 구조적 비틀림이 일어난다.[31] 또한 소유 형태소로 분류되어지면서 재귀 대명사나 소유 대명사를 표현하는 구조와는 다른 형상적 모습을 명사의 생격 형태가 취한다면, 각 형태마다 각기 다른 구조를 설정해야하는 문제가 발생하게 된다. 이런 구조적인 비틀림을 해결하기 위해서는 한정사구의 핵이 한정사구의 지정어 위치로 이동해야 하는 방법이 있지만, 이 경우 역시 핵이 지정어 위치로의 이동의 동기(motivation)를 찾을 수 없다. 따라서 이러한 다양한 이유로 인하여 러시아어의 명사 수식 생격 구조를 Fukui와 Speas(1986)와 Franks(1995)가 선택한 한정사구를 이용해서 설명하기에는 무리가 따른다.[32]

결론적으로 러시아어의 생격 명사구의 구조를 설명하기 위한 Fukui와 Speas(1986)의 한정사구 가설을 이용한 설명은 음성적 실체 내지

---

31) 이러한 이유 외에도 이미 앞 절에서 영어의 한정사구를 이용한 생격 명사구 구조에 대한 주장이 러시아어의 생격 명사구 구조를 설명하는데 왜 부족한가에 대해서 이미 두 가지 이유를 제시하였다.

32) 명사 수식 생격(adnominal genitive) 즉, 명사 뒤에서 수식하는 생격 명사 외에 명사 앞에서 뒤에 따라오는 명사를 수식하며 소유의 의미를 지니는 'мамин', 'кошкина'와 같은 명사 앞 소유(prenominal possessives)에 관해서는 Babyonyshev (1997)를 참고하시오.

는 격 할당의 능력이 없는 한정사구의 핵 설정의 문제와 러시아어의 형상적 구조에서의 분지의 방향에 대한 일관성의 결여에 대한 문제로 인해 받아들여지기가 어렵다. 또한 한정사구를 이용하여 생격 명사구를 설명하고자 했던 Franks(1995)의 주장 역시 한정사구의 구조적 비틀림에 대한 해결 없이는 수용되기가 힘들다.

4. Rappaport(1992, 1998)의 새로운 시도

1) 해석의 차이가 통사론적 차이로

Rappaport(1992) 역시 명사를 수식하는 생격 명사구에 대해 그의 논문에서 자세히 다루고 있다. 그에 따르면 생격 명사구는, 어휘적이건 대명사류적이건, NP층위나 N′층위에 내포 또는 하위화 될 수 있으며, 그 차이는 주어로 해석되느냐 목적어로 해석되느냐의 차이로 각각 보여 질 수 있다고 한다.[33] 그의 논문에서는 소유 대명사, 형용사, 생격 명사구 등을 모두 하나의 수형도에 표현하려고 시도하였다. Rappaport(1992)가 주장한 수형도는 다음과 같다.

---

[33] An adnominal genitive NP (whether lexical or pronominal) may be embedded at either NP or N′ level; the distinction corresponds to the distinction between subject and object interpretation, respectively. (Rappaport, 1992: 246)

(47)

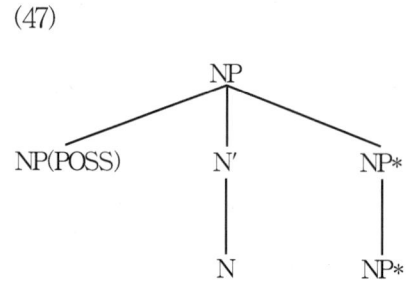

(Rappaport, 1992: 246)

위의 수형도 (47)에서 NP(POSS)는 어휘적 또는 대명사류적 소유 형용사를 의미하는 동시에 전치(preposed)되어서 N과 형태론적 일치를 가져오며, NP*는 후치(postposed)된 어휘적이거나 대명사류적인 생격 명사구를 수반한다. N'와 자매 절점(sister node)을 이루는 NP*는 주어로 해석되는 경우이고, N과 자매 절점을 형성하는 NP*는 목적어로 해석되는 경우를 각각 반영하고 있다. 다음의 예들을 살펴보자.

(48a) пение певца

　　"남자 가수의 노래"

(48b) Певец поёт.

　　"남자 가수는 노래한다."

(49a) освобождение Японии

　　"일본의 해방"

(49b) Кто-то освободил Японию.

　　"누군가 일본을 해방시켰다."

예문 (48a)는 생격 명사구가 주어의 역할을 하는 경우, 즉 생격 명 사구인 'певца'가 N′의 자매 절점의 위치에 있는 경우에 해당한다. 생 격 명사구를 주어로 해석해야 하는지, 아니면 목적어로 해석해야 하 는지는 예문 (48b)에서처럼 (48a)에 상응하는 문장을 구성하여서 확 인하여 볼 수 있다. 목적어로 해석이 되어서 N의 자매 절점을 차지하 는 수형도가 가능한 예문이 (49a)이며, 목적어로 해석이 가능한 이유 는 예문 (49a)를 동사를 포함하는 예문 (49b)로 다시 쓸 수 있기 때 문이다. Rapapport(1992)의 견해와 맥락을 같이하여 다음을 살펴보자. 다음의 예문 (50)은 생격 명사구를 포함하고 있으며, 그 의미가 불분 명하고 또한 다의적이라고 할 수 있다.

(50) Фотография Анны.
(50a) "안나의 사진" (안나가 가지고 있는 사진)
(50b) "안나가 들어간 사진"

예문 (50)은 (50a)와 (50b)가 보여주는 것처럼 단순히 사진의 소유 주체가 누구인가, 아니면 사진에 찍힌 사람이 누구인가를 각각 나타낼 수 있다. 예문 (50)이 (50a, b)의 두 가지로 해석이 가능한 이유는 다 음과 같다. 먼저 명사 'фотография'가 가지고 있는 어휘적 특성이다. 명 사 'фотография'는 '사진사'라는 의미를 가진 'фотограф'라는 단어에서 파생되었다고 할 수 있다. 또한 이 단어가 동사 'фотографировать'의 파생 동기어임을 알 수 있다. 동사 'фотографировать'는 주어와 목적어, 즉 행위의 주체(agent)와 객체 또는 대상(theme)을 필요로 하는 2항 동사이다. 이러한 동사 'фотографировать'가 가지고 있는 동사로서의 특성을 근거로 하여 예문 (50)을 분석해 보면, 'Анна'는 'фотография'의 주체가 될 수 있는 가능성과 객체가 될 수 있는 가능성을 모두 가지고 있다. 다시 말해서 예문 (50)은 'Анна'가 다른 누군가를 대상으로 사진을 찍었을 수도 있고, 또는 누군가가 'Анна'를 모델로 사진을 찍었을 수도 있다. 따라서 (50a)의 해석은 'Анна'가 누군가를 찍은 사진을 소유하고 있는 경우, 즉 행위의 주체가 되는 경우이고, (50b)의 의미는 'Анна'가 찍힌 사진, 즉 누군가가 'Анна'의 사진을 찍어서 'Анна'가 사진 속에 있는 경우를 지칭할 수 있다. 여기에서 다시 한번 주목할 만한 사실은 예문 (50)이 (50a)와 (50b)로 해석이 가능한 이유를 명사가 가지고 있는 어휘적 특성으로 본 연구의 저자는 설명했는데, 이러한 설명은 Rappaport(1992)의 제안과 일맥상통한다고 하겠다. 단지 예문 (50)의 경우는 'фотография'라는 명사가 가지고 있는 어휘 특성상 주어로도 그리고 목적어로도 해석이 가능 한다는 것이다.34)

하지만 Rappaport(1992)가 대상으로 삼았던 러시아어의 자료들이 모두 동사 파생 명사(deverbal noun)에 한정되었기 때문에, 동사 파생 명사가 아닌 다른 문법적 범주에 대한 Rappaport(1992)의 견해는 검증되어야할 필요가 있다.

---

34) 주어와 목적어로의 해석이 모두 가능한 예에 대해서 Rappaport(1992) 역시 다음과 같은 견해를 밝히고 있다.

"Since there is no formal distinction between the subject adnominal Genitive and the object adnominal Genitive, a given NP can be ambiguous, as are the examples.....

(i) обвинение автора   'the accusation of the author'
(ii) чтение Маяковского   'the reading of Majakovskij'

(Rappaport, 1992: 244)

2) 내부 문법적 기능(Internal Grammatical Function)에 의한 생격 명사구 분석

Rappaport는 1998년 논문에서 슬라브어 명사구를 전체적으로 규명하였다. 그 중에서 물질 명사류(material nominals)와 행위 명사류(action nominals)의 내부 문법적 기능에 한정하여 생격 명사구를 비롯한 다양한 명사의 격(case)을 구분하여 설명하고 있다. Rappaport (1998)에 의하면 물질 명사류는 보어(complement), 부가어(adjunct), 그리고 지정어(specifier)로 나누어질 수 있다고 한다. 생격 명사구 역시 위에서 언급한 세 종류로 구분되어질 수 있다.

보어(complement)의 기능을 갖는 명사를 수식하는 생격 명사구는 핵 명사구와의 어휘적 표시에 의해서 결정되어지며, 따라서 (51)과 같이 의미역 할당(theta-role assignment)과는 관련이 없는 문장의 구조에 의해서 결정되어지는 구조격의 하나로 간주되어진다.

(51) 보   어

тепло **тела** "몸의 온기"

일반적인 형용사, 조격 명사구, 전치사구(PP)와 마찬가지로 생격 명사구 역시 부가어(adjunct)로 간주되어질 수 있다. 하지만 부가어의 기능을 가지고 있는 명사구에 대한 격(格) 할당(case assignment)의 문세는 쉽게 설명되어지지 않는다. 이 문제에 관해 Babby(1987)는 고유격(inherent case), 구조격(structural case)과 구분하여 '의미격(semantic case)'이라는 개념을 사용하여 설명하고 있다. Rappaport (1998)는 이에 대한 정확한 설명 없이 부가어의 기능을 갖는 생격 명사구를 부가어의 대표적인 표현이라 할 수 있는 조격 명사구와 동일하게 취급하고 있다.[35] 다음의 예문 (52)이 생격 명사구의 부가어로서의 기능을 보여준다.

(52) 부가어

слезы **восторга** "기쁨의 눈물"

마지막으로 Rappaport(1998)가 밝히고 있는 생격 명사구의 기능은 지정어(specifier)이다. 그의 주장에 의하면 'этот', 'тот', 'один', 'сам', 'все'와 같이 지시나 양(量)의 기능을 하는 어휘와 더불어 명사를 수식하는 생격 명사구 역시 지시어의 기능을 갖는다고 한다. 이러한 기능을 갖는 생격 명사구의 전형적인 해석은 물질 소유자(material possessor), 분리 불가능 소유자(inalienable possessor), 그리고 행위자(agent)로 나뉘어 질 수 있으며 아래의 예문 (53a), (53b), (53c)가 각각 그에 해당되는 예들이다.

(53) 지정어

(53a) книга **брата** ⇒ 물질 소유자

"형의 책"

(53b) рука **отца** ⇒ 분리 불가능 소유자

"아버지의 손"

---

35) We will assume that the attributive genitive has no special status, and stands alongside the instrumental as being the result of a derivational rule which derives modifiers of certain types by adding a case feature. (Rappaport, 1998: 6)

(53c) роман **Толстого** ⇒ 행위자

　　"톨스토이의 소설" (="톨스토이가 쓴 소설")

　이와 같은 Rappaport(1998)의 설명은 러시아어를 비롯한 다른 슬라브어의 명사구(NP)에 대한 전체적인 조망을 가능하게 했다는 점에서, 그리고 위에서의 분류가 생격 명사구가 가지고 있는 다양한 기능들을 일목요연하게 정리하여 설명하고 그에 따른 구조들을 일관성 있게 제시했다는 점에서 의의를 찾을 수 있다. 또한 Chomsky(1986)가 생격을 단순한 추상격 중의 하나로 시칭한데 반해, Rappaport(1998)는 영어와 달리 러시아어와 같이 격(格)에 민감한 언어(case-sensitive language)가 가지는 다양한 현상과 기능을 설명함으로써 러시아어가 가지고 있는 언어적 특성을 잘 나타냈다 하겠다. 하지만 다음과 같은 문제점들 역시 그의 주장에서 찾아 볼 수 있다.

　Rappaport(1998)가 그의 논문에서 기본적인 이론의 틀로 삼고 있는 것은 앞서 보았던 핵(head), 보어(complement), 지정어(specifier), 부가어(adjunct)와 같은 문법적 기능(grammatical function) 외에 이들을 바탕으로 하여 문장을 구성하는 X′이론(X-bar theory)이다. 따라서 모든 보어는 핵과 하나의 구성소(constituent)를 이루고, 모든 지정어는 핵으로부터 투사된 상위의 절점(node)과 하나의 구성소를 이루어서 최대 투사구(maximal projection)를 이룬다는 가정을 바탕으로 하고 있다. 또한 이러한 이론적 틀 내에서 부가어의 첨가는 순환적(recursive)으로 일어날 수 있다. Rappaport(1998)가 제시하고 그리고 그의 논문에서 기본적으로 사용하고 있는 형상적 구조(configurational structure)는 다음과 같으며, 어순은 이 구조에 반영되지 않는다.

(54)

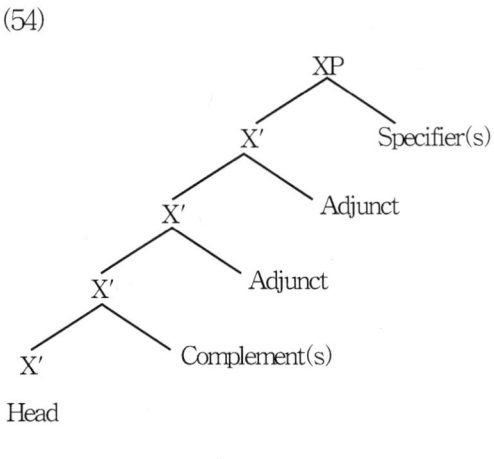

(Rappaport, 1998: 3)

　위의 수형도는 지배 결속 이론에서 일반적으로 수용하여 사용되고 있는 수형도와 거의 유사하다. 물론 분지의 방향(direction of branching)이 왼쪽으로 전개되었다는 점이 조금은 다르지만, 앞서 Rappaport (1998)가 부가어는 순환적으로 발생하며, 어순은 수형도에 반영되지 않았다고 밝힌 점과 분지의 방향이 왼쪽으로 일관되게 유지된다는 점 때문에 위의 수형도를 기본적인 틀로 사용하는 데는 이견이 없다고 본다. 또한 이러한 수형도를 기본적인 틀로 이용하여 한 가지 격(case)이 지니는 다양한 기능적 측면을 수형도에 모두 반영하는 수단으로 Rappaport (1998)는 활용하고 있다. 하지만 구조적 또는 형상적 위치를 중요시하는 지배 결속 이론의 입장에서 볼 때 동일한 형태의 생격 명사구가 각기 다른 기능만을 강조한 채로 각각의 위치를 전제로 하여 수형도 내에서 자리를 차지한다는 점은 문제점으로 제기될 수 있다. Rappaport(1998)의 제안은 예문 (55)에서 보여지는 물질 명사를 핵으로 갖는 이중 생격 구조(double genitive construction) 등과 같은 문장 유형을 설명하는 데는 유용하게 사용되어질 수 있다.

(55) коллекция **редких монет**(생격1) **профессора**(생격2).

　　"교수님의 희귀 동전 수집(책)"

Rappaport(1998)는 기본적으로 예문 (55)에서와 같은 구조에서 생격 명사구가 가능한 것은 'коллекция'와 같은 물질 명사가 뒤따라오는 명사구들의 격 표시(case marking)와 의미역 할당을 가능케 하는 고유격(inherent case)의 증거라는 것이다. 따라서 'коллекция'는 외부 논항(external argument)과 내부 논항(internal argument)[36]을 가지며 다음과 같은 논항 구조를 갖는다는 것이다.

(56) коллекция: + [_ NP, NP]

Rappaport(1998) 역시 한정사구(DP) 구조를 이용하여 소위 명사구(NP)라는 어휘 범주를 기능 범주인 DP의 보어로 간주하여 논지를 전개하고 있다. 다시 말해서 일반적인 '소유자' 명사구는 D의 지정어로서 D의 외부 논항이 되고, NP는 내부 논항의 위치를 차지하게 된다. 따라서 D의 자질은 [possession]으로 다음과 같이 어휘 표시(lexical representation)를 할 수 있다.

(57) [possession]: [D], $<x, y>$

　　x: [D, genitive], y: [NP]

---

36) 일반적으로 어떠한 술어의 논항 중에 보어의 위치에 생기는 것을 내부 논항(internal argument)이라고 하고, 술어의 바깥쪽 위치에 생기는 것을 외부 논항(external argument)라고 한다.

(56)과 (57)를 반영하여 Rappaport(1998)의 예문 (55)을 표현한 수형도가 (58)이다.

(58)

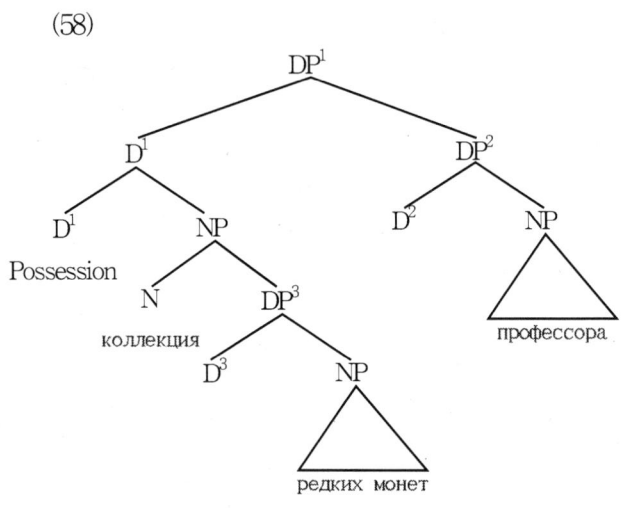

(Ibid., : 8)

위의 수형도 (58)에서 보여 지는 것처럼 D^1은 핵으로 [Possession]의 자질을 가지고 DP^2를 외부 논항으로 취하면서 생격을 할당하고, 내부 논항으로는 NP를 취하고 있는 모습을 볼 수 있다. 어휘 핵(lexical head)인 'коллекция'와 더불어 NP가 실질적인 내부 논항이며, NP 내부의 DP^3은 N을 수식해 주는 구조를 설명하기 위한 하위 구조를 나타내고 있다. 하지만 Rappaport(1998)의 이러한 설정은 내부 논항과 외부 논항과 함께 이들이 지니는 의미역(theta role)을 결정하는 주체가 어떤 것인가에 대한 논란을 일으킬 수 있는 여지를 남겨두고 있다. Rappaport(1998)가 내부 논항, 외부 논항과 의미역을 할당하는 주체는 D라고 밝히고 있으나, 실제로 (56)에서 밝힌 것처럼 내부 논항, 외부 논항과 더불어 의미역 할당을 가능케 하는 어휘는 'коллекци я'인 것이다. 예문(55)은 다음과 같이 바꾸어 질 수 있다.

(59) Профессор коллкционирует редкие монеты.

"교수님은 희귀 동전을 수집하신다."

예문 (59)에서 나타나는 것처럼 동사 'коллкционирует'는 'профессо р'를 외부 논항으로, 그리고 'редкие монеты'를 내부 논항으로 가지며, 긱긱 행위자(agent)와 대상(theme)을 의미역으로 취한다. 그렇기에 논항 및 의미역 할당의 주체는 D가 아니라 N으로 설정되어져야 타당 하다고 생각한다. 물론 앞서 언급했듯이 일반적 NP가 DP의 보어라는 DP구조의 이론에 따라 (58)의 구조가 설명이 가능함을 알 수는 있지 만, 과연 N이 가지고 있는 논항 및 의미역 할당의 역할이 어떤 경로 에 의해 상위의 D구조로 투사되어 전이되었는가에 대한 설명이 없이 Rappaport(1998)의 견해를 수용하기에는 어려움이 있다 하겠다. 따라 서 Rappaport(1998)의 설정은 그의 다른 설명 및 구조 선택이 가지는 장점에도 불구하고 문제점으로 남을 수 밖 에 없다.

앞서 지적한 문제점 외에도 물질 명사가 아닌 행위 명사(action nominal) 또는 동사 파생 명사(deverbal noun)인 경우 동일한 구조가 받 아들여지지 않는다는 점에서 앞서 Rappaport(1998)가 제시한 구조의 취약점을 드러낸 것이라 할 수 있다. 예문 (60)과 그에 상응하는 수형 도 (61)을 Rappaport(1998)는 그의 논문에서 제시하고 있다.

(60) *коллекционирование редких монет профессора.

(61)

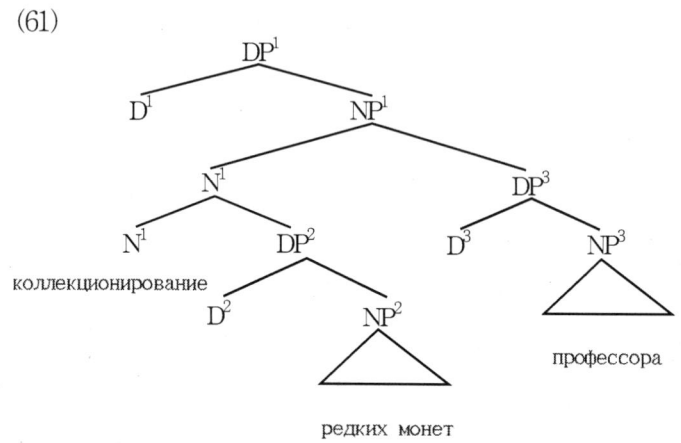

(Ibid., : 16)

(61)의 수형도는 앞서 제시되었던 수형도 (58)과 다르지 않다. 단지 D의 내부 논항이 동사 파생 명사 'коллекционирование'로 교체된 것 외에는 그 의미에 있어서도 동일하다고 할 수 있다. 하지만 문제가 되는 것은 예문 (60)이 비문이라는 사실이다. 따라서 동일한 의미를 가진 두 구조 중 하나가 비문으로 간주되어진다는 사실은 Rappaport (1998)의 견해에 문제점이 있다는 것이라 할 수 있다. 더군다나 문법적인 것으로 여겨지는 (55)의 추상 명사 'коллекция'보다 비문으로 여겨지는 (60)의 동사 파생 명사 'коллекционирование'가 상대적으로 보다 많은 동사적인 자질을 가지고 있다. 따라서 동사 파생 명사가 의미역 할당이라든지 내부 논항 및 외부 논항의 허가(license)라는 측면에서 추상 명사보다 더 많은 동사의 특징을 가지고 있다고 할 수 있다. 즉 Rappaport (1998)가 제안한 구조의 근간이 되는 것이 명사류의 논항과 의미역 할당 등인 만큼, 만약 추상 명사에 비해 동사 파생 명사의 역할이 (60)에서와 같

이 드러나고, 동사 파생 명사가 추상 명사 보다 많이 그리고 적극적으로 동사적 자질을 반영하지 않는다면, 동사와 명사의 고유한 자질에 대한 논리적인 모순을 피할 수 없게 된다.

앞서 밝혔듯이 Rappaport(1998)의 논문은 생격 명사구의 기능에만 초점이 맞추어져 있다는 점, 물질 명사류와 행위 명사류에 제한되어 설명되어진다는 점, 즉 제한된 어휘 목록에서만 이론이 적용되었다는 점, 더군다나 동일한 의미와 구조를 가진 추상 명사와 행위 명사가 각기 다른 수용 정도(acceptability)를 보인다는 점등이 앞으로 해결되어져야할 과제라 하겠다.

5. 명사 수식 생격 명사구(Adnominal Genitive)의 구조

Chomsky(1981-a)로부터 Rappaport(1998)에 이르기까지 다양한 명사를 수식하는 생격 명사구(adnominal genitive)의 구조를 살펴보았다.[37] 러시아어의 분리 가능 소유(alienable possession)를 의미하는 명사 수식 생격 명사구의 구조 역시 이제껏 다루었던 일반적인 생격 명사구의 구조와 동일한 형상적 구조를 갖는다고 생각된다. 따라서 III장에서 살펴본 여러 가지 구조 중에서 생격 명사구 구조를 설명하기 위한 Fukui와 Speas(1986), Franks(1995)의 DP를 이용한 설명이나 Rappaport(1992/1998)의 동사 파생 명사와 추상 명사에서 나타나는 생격 명사구 구조를 이

---

37) 이외에도 Engelhardt/Trugman(1997)은 두 가지 다른 생격 명사구의 위치를 설정하고 있다. 하나는 N의 자매 절점 위치이고, 다른 하나는 '주어'와 '소유자'를 딤딩힐 수 있는 DP의 지정어 위치이다. Schoorlemmer (1995)는 동사 파생 명사에 한해서 N의 자매 절점 위치만을 설정하고, 여타의 다른 명사구들을 위해서는 '소유 부가어' 위치를 설정한다. Babby(1991)는 명사 수식 생격(adnominal genitives)에는 N의 자매 절점을, 소유의 생격(possessive genitives)에는 N'의 자매 절점을 할당함으로써 두 가지 다른 위치를 설정하고 있다.

용한 설명보다는 Chomsky(1981-a, b)의 기본적인 원리에 충실한 구조
(37), (39)이 가장 적합하다고 하겠다.[38] 따라서 (37)과 (39)의 구조를
근간으로 하여 본 연구에서 비교하고자 하는 두 문장의 한 축이 되는 생
격 명사구 구조를 가진 '소유' 의미의 러시아어 문장 (23b)의 구조를 수
형도 상에서 표현하면 (62)와 같다. 이 수형도와 형상을 기초로 하여 다
음 장(章)에서 설정되어질 여격 명사구를 갖는 '소유' 의미의 러시아어
문장 (23a)와의 비교 및 분석을 V장에서 다루어 보고자 한다.

(23b) Он разбил машину **отца**(생격).

(62) 명사를 수식하는 생격 명사구 구조

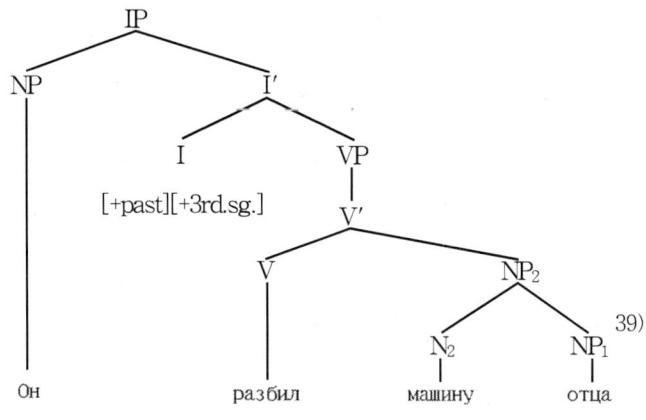

---

38) 물론 본 연구에서 Chomsky(1981-a)가 제시했던 (38)의 구조를 러시아
  어 자료를 설명하는데 사용하지 않을 것이며, (38) 구조의 러시아어에
  적용하기에 부적합함에 대해서는 앞에서 언급하였다.
39) [+past]는 과거 시제(past tense)를, [+3rd.]는 3인칭(third person)을,
  [+sg.]는 단수(singular)를 각각 의미하며, 이는 굴절구(IP)의 핵(I)이 가
  지고 있는 시제와 격 자질을 보여주고 있다. 이외에도 [+1st.], [+2nd]는
  각각 1인칭과 2인칭을 의미한다.

러시아어 여격 명사구의 구조

Ⅲ장에서는 러시아어의 생격 명사구의 구조와 이를 근거로 분리 가능 소유를 표현하는 생격 명사구의 구조를 살펴보았다. 이번 장에서는 Ⅲ장에서와 마찬가지로 먼저 여격 명사구의 의미 및 기능이 러시아어에서는 어떻게 표현되어지며, 이 중에서 본 연구에서 다루고자 하는 '소유'의 의미를 지닌 여격 명사구의 구조가 어떤 형태를 가지고 다양한 학자들에 의해서 조명되고 연구되어 왔는지를 검토한 후 분리 가능 소유를 의미하는 여격 명사구에 가장 적합한 구조를 찾고자 한다. 여격 명사구의 구조를 검토하는데 있어서 기본이 되는 이론은 생격 명사구 구조와 마찬가지로 지배 결속 이론이다.

1. 러시아어 여격 명사구의 의미 및 기능

러시아어 여격 명사구 구조와 관련하여 Fowler(1987)는 그의 논문에서 다음과 같은 의미들을 여격 명사구가 나타낼 수 있음을 보여주고 있다.

---

40) 예문 (63a)에서의 간접 목적어는 예문 (64a)에서의 여격 명사구와 더불어 동사의 보어로 구분되어진다. 하지만 Fowler(1987)가 간접 목적어를 여격 명사구의 기능과 관련된 예로 따로 구분한 것은 간접 목적어가 여격 명사

(63) 간접 목적어[40]

(63a) Анна дала книгу **сестре**.

　　"안나는 여동생에게 책을 주었다."

(64) 동사의 보어

(64a) Она часто помогает **матери**.

　　"그녀는 어머니를 종종 돕는다."

(65) 형용사의 보어

(65a) неизвестное **тебе** слово.

　　"너에게 생소한 단어"

(66) 명사의 보어

(66a) памятник **Пушкину**.

　　"푸쉬킨 동상"

(67) 전치사의 보어

(67a) Иван гуляет по **полю**.

　　"이반은 들을 산책한다."

(68) 무인칭문(impersonal sentence)의 주어

구의 가장 대표적인 기능이기 때문으로 생각된다. 다시 말해서 예문 (64a)의 'матери'가 특정 동사 'помочь'에 의해 문장 상에서 여격으로 발현되는 특수한 경우에 해당되는데 반해, 예문 (63a)의 'сестре'는 가장 보편적이고 일반적으로 쓰여 지는 여격 명사구를 나타내기 위한 예인 것이다.

(68a) **Мне** холодно.

　　"나는 춥다."

(68b) **Мне** не спится.

　　"잠이 안 온다."

(68c) **Ему** нужно кончить эту работу.

　　"그는 이일을 끝마쳐야만 한다."

(69) 미정형 동사의 주어(subject of infinitive)

(69a) Что **ему** дслать?

　　"그는 무엇을 해야 하지?"

(70) '소유'의 의미

(70a) Андрей отрезал **мне** руку.

　　"안드레이는 내 손을 잘라냈다."

(70b) Иван потерял кошелёк **профессору**.

　　"이반은 교수님의 지갑을 잃어버렸다."

　예문 (63a)는 동사 'дать'가 직접 목적어인 'книгу'와 함께 여격인 'сестре'를 간접 목적어로 취하는 경우에 있어서의 여격 명사구의 예이다. 또한 동사 'помогать'의 보어로서 나타나는 여격은 예문 (64a)에서 찾아볼 수 있다. 동사뿐만 아니라 형용사와 명사 또한 여격 보어를 필요로 하는 경우를 러시아어에서는 어렵지 않게 찾을 수 있다. 이에 대한 예문이 (65a)와 (66a)에서 각각 보여 지고 있다. 예문 (67a)는 'по'와 같은 특정한 전치사가 여격 명사구를 수반하여 표현되는 예를 다룬 것이고, (68a, b, c)는 소위 '무인칭문'이라 지칭되는 러시아어 문장에서 나타나

는 여격 주어를 보여주고 있다.[41] 예문 (69a)는 또한 동사 원형, 즉 미
정형의 주어로 여격 명사구가 쓰인 경우의 문장이다. 이와 같은 다양한
여격 명사구의 의미들 중에서 Ⅳ장에서 심도 있게 다루어져야할 부분은
(70b)에서 나타나는 분리 가능 '소유'의 의미를 지니는 여격 구조이다.

앞선 명사를 직접적으로 수식하는 생격 명사구의 역할과는 다른 여격
명사구의 역할을 자세히 살펴보기 위해서는 과연 여격 명사구가 문장
상에서 통사적으로 보어(complement)의 기능을 수행하는 논항
(argument)인가 아니면 부가어(adjunct)인가를 먼저 규명해야 하겠다.
물론 앞서 언급된 (63), (64), (65), (66), (67), (68), (69)와 같은 문장
들의 대부분에서 여격 명사구는 간접 목적어, 명사의 보어, 동사의 보어,
형용사의 보어, 무인칭문의 주어 등의 명칭을 가지고 있다는 사실을 통
해서 여격이 다분히 '보어'적 이라고 생각할 수도 있지만, 본 연구의 주
요 쟁점이 되는 '소유'의 의미를 지닌 예문 (70a, b)와 같은 여격 명사구
의 구조 역시 '보어'로 다루어져야 하는지를 다음절에서 살펴보자.

2. 논항인가 부가어인가?

러시아어에서의 여격 명사구의 구조가 논항인가 부가어인가에 대해
서는 여러 학자들이 그 견해를 밝히고 있으며, 대부분의 의견들은 지
배 결속 이론의 틀 안에서 전개되어진다.

---

41) 여기에서 언급하고 있는 여격 주어란 문법적인 주어(grammatical subject)
가 아닌 의미상의 주어(semantic subject)를 의미한다. 다시 말해서 러시아
어 문장에서 동사의 일치 등을 수반하는 'подлежащее'가 아닌 행위의 경
험자나 주체 등 심리적인 의미상의 주어인 'субъект'를 나타내는 것이다.

1) 러시아어의 여격 명사구는 논항이다?

Fowler는 1987년 그의 학위 논문에서 러시아어의 모든 여격 명사구 구조가 논항으로서 구분되어져야 한다고 주장하고 있다. Fowler(1987)에 의하면 논항은 동사로부터 의미역을 받음과 동시에 동사에 의해서 하위 범주화 될 수 있다.42) 반면에, 부가어는 동사의 하위 범주화의 틀에 포함되지 않는다. 따라서 이것은 문장의 필요 요소가 아니라 선택적 요소이다43). 또한 이론적으로는 어떤 어휘적 범주도 부가어를 가질 수 있다. Fowler(1987)가 그의 논문에서 재백한 기본적인 +조적 틀은 (71)과 같으며, 이러한 그의 논항과 부가어에 대한 주장을 기본으로 하여 그가 제시하고 있는 주격, 여격, 대격 그리고 조격에 대한 형상은 (72)과 같이 표현되어 진다.

(71)

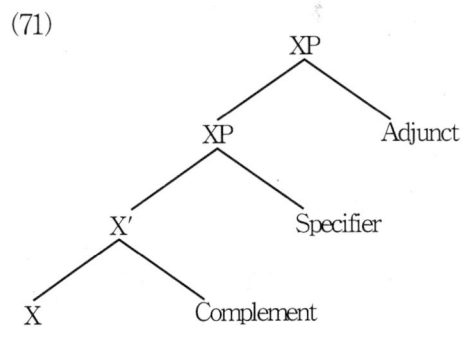

(Fowler, 1987: 194)

---

42) 하위 범주화(subcategorization)는 동사기 어휘부에시 포함하고 있는 동사적 정보로서 어느 특정 동사가 목적어를 취하는 타동사인가, 만약 타동사이면 어떤 목적어를 취하는가, 또한 자동사로서 목적어를 취하지 않는가 등을 알려준다. 즉, 동사의 보어에 대한 정보를 표시하는 것이다.

43) 논항에 대한 자세한 설명은 Grimshaw(1990)을 참조하시오.

(72)

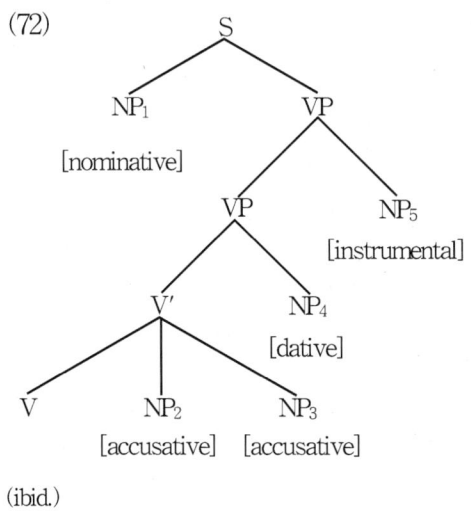

(ibid.)

(72)의 수형도에서 Fowler(1987)는 NP$_1$, NP$_2$, 그리고 NP$_4$는 의미
역을 할당받는 논항인 반면, NP$_3$과 NP$_5$는 비논항(Non-argument),
즉 부가어라고 한다. 하지만 그의 주장에서는 여러 가지 문제점이 발
견된다. 먼저 NP$_2$와 NP$_3$을 비교한 그의 주장을 살펴보자. NP$_3$이 부
가어로 분석되는 이유는 시간의 지속(duration)을 의미하며 부사적으
로 쓰인 대격 형태의 명사구가 NP$_3$의 위치를 차지해야 하고, NP$_3$이
의미역을 할당받아야 한다. 또한 이는 NP$_2$가 문장 상에서 표면적으로
모습을 드러내지 않아야 하는 조건을 충족시킨 경우에 부가어로서
NP3가 나타난다는 것이다. 다시 말해서 NP$_2$와 NP$_3$이 문장 상에서
상보적 분포의 관계를 가지고 나타난다고 할 수 있다. 아래의 예문
(73a)와 (73b)가 Fowler(1987)의 주장을 뒷받침해주는 문장들이다.

(73a) Мы разговаривали весь день(대격).
　　　'우리는 하루 종일 이야기했다.'

(73b) Мы работали <u>всю неделю</u>(대격).

  '우리는 일주일 내내 근무했다.'

예문 (73a, b)에서 나타나는 것처럼 (73a)의 'весь день'와 (73b)의 'в сю неделю'는 각각 대격의 형태로 수형도 (72)에서 NP₃의 위치를 차지하고 있으며, NP₂는 앞서 언급한 NP₃와의 상보적 분포의 관계에 따라 문장에서 모습을 찾아볼 수 없게 되어서 예문 (73a, b)는 Fowler(1987)의 주장을 입증하는 예문이 된다. 그렇다면 과연 다음의 문장과 그에 상응하는 형상(configuration)은 이떻게 설명되어야 하는지 의심스럽다.

(74) Он читал **книгу**(대격) **час**(대격).

  '그는 한 시간 동안 책을 읽었다.'

(74a)

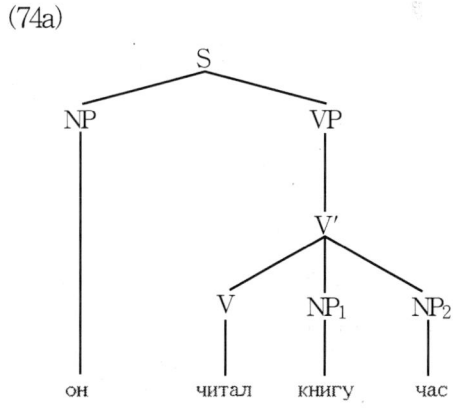

예문 (74)를 수형도 상에서 표현한 것이 (74a)이다. 만약 Fowler (1987)의 주장대로 라면, 시간의 지속을 의미하는 NP₂는 동사 'читал'의 내부 논항이며 대격을 취하고 있는 NP₁ 'книгу'와는 함께 나타날

수 없어야 한다. 하지만 예문 (74)는 아무 문제가 없는 적법한 문장임을 알 수 있다. 따라서 문장에서 시간의 지속을 나타내는 대격 명사 형태의 출현이 다른 대격 명사구에 의해 좌우된다는 Fowler(1987)의 주장은 수정되어져야 하겠다. 또 다른 그의 주장을 살펴보자. 수형도 (72)에서 부가어인 NP$_3$은 의미역을 할당받을 수 있다고 하였다. 그리고 이 의미역 할당은 논항인 NP$_2$가 문장 상에서 출현하지 않는 경우에만 가능하다고 Fowler(1987)는 밝혔다. 그리고 Fowler(1987)는 논항과 부가어에 대한 차이점에 대해 언급하면서 논항과 달리 부가어는 격(case)은 물론 의미역도 할당받지 못한다고 하였다. 그리고 이러한 특징들이 바로 부가어를 논항과 다르게 만드는 가장 중요한 요소들이다. 하지만 예문 (73a)와 (73b)에서와 같이 시간의 지속을 나타내는 대격 형태를 가진 부가어인 NP$_3$의 경우는 의미역을 취할 수 있다고 주장함으로써 자신이 제시하였던 부가어에 대한 정의에 상반되는 내용을 담고 있다. 또한 시간의 지속을 의미하는 부가어인 NP$_3$가 동사로부터 받을 수 있는 의미역이 어떤 것인지도 명확하지 않다. 일반적으로 의미역의 종류로 여겨지는 것은 다음과 같다.

(75) 의미역(Theta-role)의 종류

(75a) 행위주(agent): 동작을 행하는 주체
(75b) 수동자(patient): 동작의 영향을 받는 객체
(75c) 대상(theme): 위치나 상태의 변화를 받는 객체
(75d) 기점(source): 이동이나 상태 변화의 시작점
(75e) 착지점(goal): 이동이나 상태 변화의 도달점
(75f) 장소(location): 동작의 대상이 있는 위치

(75g) 경험자(experiencer): 감정, 감각 등의 심리적 영향을 받는 객체

(75h) 수혜자(benefactive): 행위에 의해 이익을 받는 객체

(75i) 도구(instrument): 행위의 수단

(75j) 명제(proposition): 하나의 주어부와 서술부에 의해서 표시되는 의미 내용

　이렇듯 다양한 의미역의 종류 중에서 과연 Fowler(1987)가 제시한 부가어는 과연 어떤 의미역을 받을 수 있는지에 대해 그는 명료하게 밝히지 않고 있다. 물론 어떠한 의미역을 설정해야 할지는 경험적으로 결정되어져야할 문제인 경우가 많다는 점을 고려하더라도, 예문 (73a), (73b)에서의 부가어들에 대한 의미역을 설정하기에는 어려움이 따른다. 단지 논항인 NP2가 문장 상에서 나타나지 않는 경우에 NP3이 의미역을 받는다는 주장을 통해서 유추해 볼 수 있는 사실은 다음과 같다. NP2는 논항이기에 반드시 격(case)과 더불어 의미역을 할당받아야 하고, 시간의 지속을 나타내는 부가어인 NP3에 논항인 NP2의 의미역이 전이된다거나 NP2가 받아야할 의미역을 NP3가 대신 받을 수 있는 경우를 상정해 볼 수 있다. 하지만 이러한 경우도 NP2가 없는 상황에서는 NP2가 받아야할 의미역의 종류가 명백히 밝혀지지 않는 만큼 NP3가 의미역을 할당받을 수는 없다고 하겠다. 따라서 부가어인 NP3이 의미역을 취할 수 있다는 Fowler(1987)의 견해는 받아들여지기 어렵다.

　Fowler(1987)는 이러한 문제점 외에 '소유'를 의미하는 여격 명사구의 구조를 일반적인 간접 목적어와 동일한 맥락에서 설명하고 있고, 여격 명사구가 '소유'의 의미를 갖는 것은 문법적 현상이 아니라 화용

론적인 고려에서 나온 결과라고 주장한다.44) 따라서 다음의 문장들을
통해서 그의 주장의 타당성을 검증해 볼 필요가 있다.

(76) Иван дал **мне** книгу.

　"이반은 나에게 책을 주었다."

(77) Андрей отрезал мне руку.

　"안드레이는 나의 손을 잘랐다."

위의 예문 (76)과 (77)를 비교해보자. 먼저 예문 (76)의 동사 'дать'
는 여격을 간접 목적어로, 주격을 주어로, 그리고 대격을 직접 목적어
로 필요로 하는 동사이다. 다시 말해서 동사 'дать'는 한 개의 외부
논항과 두 개의 내부 논항을 하위 범주화하여야 하는 3항 동사이다.
따라서 간접 목적어 'мне'는 문장에서 꼭 필요한 논항이다. 이에 반해
서 예문 (77)에서 동사 'отрезать'는 주격 주어와 대격 목적어를 각각
외부 논항과 내부 논항으로 취하는 2항 동사이다. 따라서 '소유'를 나
타내는 'мне'는 여격의 형태를 취하고는 있지만, 예문 (76)의 여격과
는 달리 논항이 아닌 부가어적인 성격을 지니고 있다고 하겠다. 다시
말해서 'мне'는 동사로부터 격(case)도 의미역도 할당받지 못한 문장
의 요소인 것이다. 따라서 '소유'의 의미를 지닌 여격 명사구를 일반
적인 간접 목적어와 동일하게 이해하고자 하는 Fowler(1987)의 입장

---

44) ...it can simply regarded as an ordinary indirect object. The possessive
　sense results from pragmatic considerations; it is not a grammatical
　phenomenon.

(Fowler, 1987: 158)

은 옳다고 볼 수 없다. 또한 Fowler(1987)의 주장대로 일반적인 간접 목적어가 모두 논항으로 간주되어 지지도, 그리고 '소유'의 의미를 갖는 여격 명사구가 통상적인 간접 목적어로도 간주되지 않는다.[45)]

예문 (76)과 (77)에서의 여격 명사구의 차이를 밝혀 줄 수 있는 방법으로 예문 (76)과 (77)를 각각 수동태로 변형시켜보는 시도가 필요하다.

먼저 예문 (76)과 (77)를 각각 수동문으로 바꾸어 보자.

(76a) Книга была дана **мне** Иваном.
　　　"책은 이반에 의해서 여동생에게 주어졌다."

(77a) * Рука была отрезана **мне** Андреем.
(77b) * Рука **мне** была отрезана Андреем.

예문 (76)을 수동태로 바꾼 예문 (76a)는 문법적으로 문제가 없는 정문임을 알 수 있고, 이는 여격 명사인 'мне'를 포함하는 모든 문장의 구성 요소가 문장 내에서 적절한 위치와 역할을 담당하고 있다는 것을 말해준다. 반면에 예문 (77)을 수동태 변형시킨 예문 (77a)는 비문임을 알 수 있고, 여격 명사인 'мне'를 이동하여 재구성한 예문 (77b) 역시 비문임을 알 수 있다. 또한 예문 (77b)에서 'мне'를 이동하여 문장을 재구성한 것은 예문 (77a)의 비문법성이 'мне'의 문장 내에서의 위치에 의해서 발생할 수도 있다는 가정 하에 'мне'의 위치를

---

45) Fowler(1987)외에도 Cienki(1994)와 같은 학자는 '소유'의 의미를 갖는 여격 명사구가 간접 목적어의 자리를 차지한다고 주장한다.

옮긴 것이다. 다시 말해서, 'рука'의 소유 주체인 'мне'를 수동태 변형으로 인해 문두(文頭)로 이동한 소유의 대상인 'рука'에 인접시켜 보려는 의도이다. 하지만 이러한 이동에도 불구하고 예문 (77a)와 더불어 (77b) 역시 비문임이 밝혀졌다. 예문 (77a)와 (77b)가 비문이 되는 이유를 알아보기 위해서 문장의 각 구성 성분 중 한 요소가 비문의 원인을 제공하고 있다고 가정해 볼 수 있다. 따라서 문장의 비문법적임을 유발하는 요소의 제거를 통해서 수동태 변형된 문장을 정문으로 바꿀 수 있는지를 알아보고자 한다.

(77c) * Была отрезана мне Андреем.

(77d) * Рука мне Андреем.

(77e) * Рука была мне отрезана.

(77f) Рука была отрезана Андреем.

　　"손은 안드레이에 의해서 잘라졌다."

예문 (77c), (77d), (77e)는 각각 수동태로 변형된 예문 (77a)나 (77b)를 정문으로 만들기 위해 문장의 성분들 중 하나씩을 제거해 다시 쓴 것이다. 예문 (77c)에서는 수동문의 주어이며 행위의 대상인 'рука'가 제거되었고, 예문 (77d)에서는 서술어부, 즉 동사인 'была отрезана'가 제거되었으며, 예문 (77e)에서는 조격 명사로 나타나는 행위의 주체인 'Андреем'가 각각 제거된 예들이다. 각각의 예문들을 통해서 알 수 있는 것처럼 (77c), (77d), (77e)는 모두 비문으로 남아 있으며, 이는 이들 예문에서 제거된 요소들은 문장에서 빠져서는 안돼는 성분들임이 간접적으로 증명되었다. 이제 마지막으로 여격 명사인 'мне'가 빠진 예문 (77f)를 살펴보자. 정문인 (77f)를 통해서 알 수 있는 것은 여격 명

사의 제거는 문장의 정문, 비문임을 결정하는데 영향을 미치지 않는다
는 사실이다. 그렇기 때문에 여격 명사가 문장에서 빠짐에도 불구하고
수동태 변형된 문장 (77f)는 정문인 채로 남아있을 수 있는 것이다. 따
라서 예문 (76)에서의 여격 명사인 'мне'와 예문 (77)에서의 여격 명사
'мне'는 형태적으로는 동일하지만 러시아어 문장에서 상당히 다른 양상
과 기능을 보여주고 있음이 다시 한번 밝혀졌다.

결론적으로 Fowler(1987)의 견해처럼 모든 여격 명사구가 논항으로
여겨지지는 않음이 동사의 하위 범주화, 수동태 변형 등을 통해서 증
명되었고, 특히 분리 가능 소유를 나타내는 여격 명사구는 논항이 아
닌 부가어로 러시아어 문장 상에서 간주되어져야 하겠다.

2) 체코어에서 나타나는 '소유'를 의미하는 여격 명사구의 특징

King은 1998년 그녀의 학위논문에서 앞서 살펴보았던 러시아어뿐만
아니라 체코어에서도 '소유'를 나타내는 여격 명사구는 여타의 여격
명사구들과 다른 행태를 보여주고 있음을 설명해 주고 있다.

King(1998)은 Pit'ha(1971)가 제시한 자료를 이용하여 '지배받는 여
격(governed dative)'과 '지배받지 않는 여격(ungoverned dative)'을 구
분하여 여격 명사구간의 차이점을 설명하고 있다.

(78) podal   mu   ruku. (Cz.)[46]

　　 he-gave   him(여격)   hand

---

46) Cz.는 제시된 문장이 체코어 자료임을 표시해 준다.

"그는 그에게 그의 손을 주었다."

(79) ukázal   mu   ruku. (Cz.)

he-showed   him(여격)   hand

"그는 그에게 그의 손을 보여 주었다."

(80) zlomil   mu   ruku. (Cz.)

he-broke   him(여격)   hand

"그는 그의 손을 부러트렸다."

(King, 1998: 21에서 재인용)

Pit'ha(1971)는 (78), (79), (80)의 예문들간의 의미상의 차이는 동사 의미의 차이에서부터 출발한다고 한다. 이러한 동사의 의미상의 차이 외에도 King(1998)은 각 문장간의 구조적인 차이 또한 문장의 의미의 차이를 불러온다고 한다. 외부 논항이 표면상으로 표출되지는 않았지만 예문 (78)에서의 동사 'podat'는 3항 동사로 생략된 주격 주어 'on', 대격 직접 목적어 'ruku', 그리고 여격 명사구 'mu'를 간접목적어로 취한다.[47] 예문 (79)의 여격 명사구 'mu' 역시 예문 (78)에서와 마찬가지로 동사 'ukázat'에 의해서 지배되어진 3개의 논항 중의 하나이다.[48] 하지만 예문 (80)의 경우 여격 명사구 'mu'는 2개의 논

---

47) 체코어뿐만 아니라 러시아어, 유고 등 대부분의 슬라브어와 스페인어, 이태리어 등에서 한정절(finite clause) 주어가 대명사일 경우 문장 상에서 드러나지 않는 주어를 생략할 수 있다. 이러한 언어적 특성을 보이는 언어는 '대명사 주어 생략 언어(Pro-drop Language)' 또는 '공(空)주어 언어(null-subject language)'라고 불린다. 이런 현상이 가능한 이유는 '대명사 주어 생략 언어'는 동사가 가지고 있는 문장에서의 정보를 통해서 주어가 표현하고자 하는 문장 상에서의 정보를 얻어낼 수 있기 때문이다.

항, 즉 생략된 외부 논항 'on'과 내부 논항인 'ruku'를 하위 범주화하
는 동사 'zlomit'가 요구하는 논항이 아니다. 다시 말해서 예문 (80)의
여격 명사구 'mu'는 형태상으로는 예문 (78)과 (79)의 여격 명사구와
다르지 않지만, 동사에 의해서 지배받지 않았다는 점에서 예문 (78)
과 예문 (79)의 여격 명사구와는 구조적인 차이점을 나타낸다고 한다.
다시 말해서 King(1998)은 지배받지 않은 예문 (80)의 여격 명사구는
논항 구조의 바깥에 위치하고 있고, 이 여격 명사구는 논항 구조와는
별개로 취급되어져야 한다고 주장한다.[49]

　따라서 King(1998)이 밝히고 있는 '지배'와 '비지배'의 개념은 앞서
언급했던 여격 명사구가 논항인가 부가어인가에 대한 구분과 관련이
있다고 하겠다. 결론적으로 King(1998)의 '지배받는' 여격 명사구는
논항으로, '지배받지 않은' 여격 명사구는 부가어로 간주할 수 있겠다.
King(1998)의 이러한 주장을 통해서 러시아어뿐만 아니라 체코어에서
도 '소유'를 의미하는 여격 명사구는 존재하며, 이 명사구는 논항이
아닌 부가어로 다루어져야 함을 확인할 수 있다.[50]

---

48) King(1998)은 '동사에 의해 지배된 여격(dative governed by the verb)'
　　이라는 표현을 사용하고 있는데, 이는 앞서 살펴보았던 '동사에 의해 통제
　　(controled by the verb)' 또는 '동사에 의해 하위 범주(subcategorized by
　　the verb)'의 개념과 동일한 것으로 생각되어진다.

49) Where the dative is ungoverned, it stands outside the argument structure
　　and it is thus independent of it.

　　　　　　　　　　　　　　　　　　　　　　　　(King, 1998: 23)

50) '소유'를 의미하는 여격 명사구가 일반적인 간접 목적어와는 동일하게 통사론
　　적으로 취급되어져서는 안 된다는 견해를 보여주고 있는 학자에는 Pit'ha (1971),
　　King(1998)외에 Honselaar(1988), Schoorlemmer(1994), Bailyn(1995) 등이 있다.

3. '소유'의 의미를 가진 여격 명사구의 구조

앞서 살펴본 것은 '소유'를 의미하는 여격 명사구는 다른 일반적인 여격 명사구의 구조와 다르게 논항이 아닌 부가어로 다루어져야 한다는 사실이다. 따라서 이번 절에서는 '소유'를 의미하는 여격 명사구에 대한 여러 학자들의 주장을 알아보고, 이를 바탕으로 '소유'의 의미를 지니며 부가어인 여격 명사구를 가장 적절히 나타낼 수 있는 형상적 구조를 찾아보고자 한다.

1) Chomsky(1981-a)의 여격 명사구 구조에 대한 견해

1981년 Chomsky는 여격 명사구에 대한 가장 기본이 되는 구조를 제시하였다. 일반적인 간접 목적어를 갖는 구문은 직접 목적어와 더불어 영어에서 이중 목적어 구조(double objects construction)를 갖는다. 이러한 이중 목적어의 구문을 Chomsky(1981-a)는 다음과 같이 설명하고 하고 있다.

(81a) Bob   gave   a book   to Susan.
                                (구조격)   (구조격)

(81b) Bob   gave   Susan   a book.
                                (구조격)   (고유격)

     "밥은 수잔에게 책을 주었다."

Chomsky(1981-a)는 예문 (81a)에서 'gave'가 'a book'에게 구조격

(structural case)을 부여하고, 전치사 'to' 역시 뒤따라오는 'Susan'에게 구조격을 부여하기 때문에 격 할당(case assignment)에 별다른 문제가 없다고 한다. 그러나 (81b)에서 'Susan'은 동사 'gave'로부터 구조격을 부여받지만, 'a book'은 문장 상에서 어떤 격(case)도 부여받지 못하게 되어서 격 할당자(case assigner)없이 격(case)을 할당받는 모순을 갖게 된다. 따라서 Chomsky(1986-a)는 '고유격(inherent case)'[51]이라는 새로운 격(case) 개념을 고안하여 이 고유격이 'a book'에게 격(case)을 할당하도록 했다. 그래서 예문 (81a, b)와 같은 구조에서는 의미역과 더불어 격(case)을 다음 (82)과 같이 조합직으로(compositionally) 부여한다고 한다.

---

51) Chomsky(1981-a, 1986)의 구조격과 고유격에 대한 설명을 바탕으로 Tremblay (1991)는 프랑스어에도 이러한 구조격과 고유격의 차이를 발견할 수 있다고 한다. Tremblay(1991)에 의하면 프랑스어에서 대격과 생격이 구조격으로 구분되는 반면, 여격은 고유격으로 간주된다고 한다. 따라서 연결사(copula) 'est'가 있는 소유를 의미하는 (i)과 같은 문장에서 여격 명사구는 구조상으로 의미역을 할당받으며, 또한 고유격을 가지게 된다고 한다. 이러한 현상은 (ii)과 같이 NP의 내부에서 여격이 생성되는 경우 역시 해당된다고 한다.

    (i) Le livre est à　Marie(여격).
      "그 책은 마리의 것이다."
    (ii) Le livre à Maire(여격).
      "마리의 책"

(Tremblay, 1991: 122)

이러한 Tremblay(1991)의 주장은 Larson(1985)의 다음과 같은 제안과 그 맥을 같이 한다고 할 수 있다.

"...bare-NP adverbs have the capacity to receive a case and the thematic role (Θ-role) through the lexical properties of their own heads."

(Larson, 1985: 595)

(82)

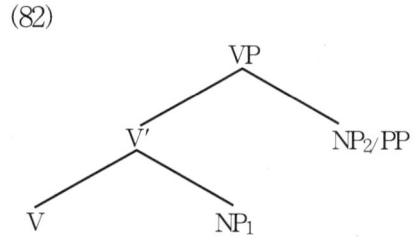

　수형도 (82)은 예문 (81a, b)에서 동사의 직접 목적어인 'a book'이 모두 NP₁의 위치를 동일하게 차지하고 있는 모습을 보여주고 있다. 그리고 V′의 자매 절점 위치에 예문 (81a)에서는 구조격을 할당하는 전치사구 'to Susan'이, 예문 (81b)에서는 고유격을 할당받은 'a book' NP₂가 각각 다르게 위치하고 있다.

　하지만 (82)의 구조에서 발견할 수 있는 취약점은 한 위치에 두 가지 전혀 다른 어휘 범주를 동시에 할당한 점이다. 이는 V′의 자매 절점 위치에 명사구와 전치사구를 구분 없이 형상적으로 위치시키는 것이다. 다시 말해서 동일한 의미역을 갖는 구조이지만, '격 겹침(Case Overlap)'52)의 가능성을 남겨 놓았다는 것이다. 과연 이러한 여격 명

---

52) 본 연구에서 처음으로 소개되어지는 '격 겹침(Case Overlap)'이란 형상적으로 이미 정해져 있는 하나의 위치--특히 논항의 위치--에 서로 다른 기능을 가진 두 개의 다른 격(case)이 할당되어지는 경우를 의미한다. (97)에서는 V′의 자매 절점 위치에 여격 NP₂와 전치사구 PP가 중복되어져서 할당되어지기 때문에 격 겹침의 경우에 해당된다고 하겠다. 러시아어 문장을 통해서 격 겹침의 예를 살펴보자. 다음의 문장 (i)과 (ii)를 비교해 보자.

　　(i) Я подарил ему книгу.
　　(ii) Я читал книгу час.

　먼저 (i)과 (ii)는 모두 문법적으로 문제가 없는 문장임을 알 수 있다.

사구에 대한 Chomsky의 견해가 러시아어에는 어떻게 전개되는지를
다음절에서 살펴보고자 한다.

① Chomsky(1981-a)분석의 러시아어 적용

앞에서 살펴본 예문 (81a)와 (81b)에서와 마찬가지로 러시아어에서
도 쉽게 이중 목적어 구문을 찾아 볼 수 있다.

(83a) Я дал **Ивану**(여격) **книгу**(대격).

(83b) Я дал **книгу**(대격) **Ивану**   (여격).

   "나는 이반에게 책을 주었다."

예문 (83a, b)와 같은 러시아어 문장에서 우리가 어렵지 않게 알
수 있는 사실은 앞 절에서의 영어 문장과 다른 모습을 러시아어에서
보여주고 있다는 것이다. 즉 영어에서 꼭 필요한 'to'와 같은 전치사

이 두 문장에서 보여 지는 격 격침의 예는 V'의 자매 절점 위치에서 보
여 진다. (i)의 경우에는 V'의 자매 위치에 여격 명사구 'ему'가 할당되
는 반면에, (ii)에서는 동일한 위치에 대격 명사구 'час'가 자리를 차지
하게된다. 따라서 두 문장의 문법성에는 아무런 영향을 미치지 않지만,
구조격과 같이 형상적으로 이미 정해져 있는 자리에 다른 격이 오는 경
우 격 겹침이 발생한다고 하겠다. 따라서 어떤 한 명사구가 여러 개의
격을 할당받는 것을 의미하는 '격 충돌(Case Conflict)'의 경우, 격 충돌
이 일어나는 문장이 비문이 된다는 점등에서 격 겹침과는 다른 개념이
라 하겠다. 다음의 예가 격 충돌의 경우이다.

   (iii) * we's (주격+소유격)
   (iv) * us's (대격+소유격)

  격 충돌(Case Conflict)에 대한 자세한 설명은 한학성(1995)을 참고하시오.

없이도 러시아어에서는 (83b)처럼 어순의 단순한 변화를 통해서 문장
의 의미를 쉽게 표현 할 수 있으며, 이는 이중 목적어의 영어 자료를
설명하기 위해 설정되었던 '조합적인(compositional)' 격(case) 할당이
러시아어에서는 필요치 않다고 할 수 있다. 이는 하나의 절점 마지막
의 위치에 단 하나의 범주(category)만이 위치를 차지하여 격 겹침
(case overlap)현상을 막아줄 수 있다는 점에서 이론의 무게를 실어준
다고 할 수 있겠다. 따라서 이중 목적어를 갖는 러시아어의 문장은
기본적으로 (84)와 같은 구조를 갖고 있으며, 이를 근거로 (83a, b)의
러시아어 문장을 수형도 상에 표현한 것이 (85)이다.

(84)

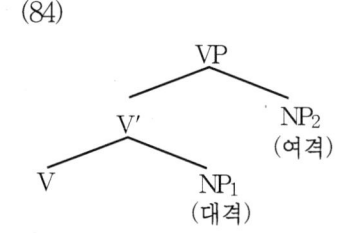

(85)

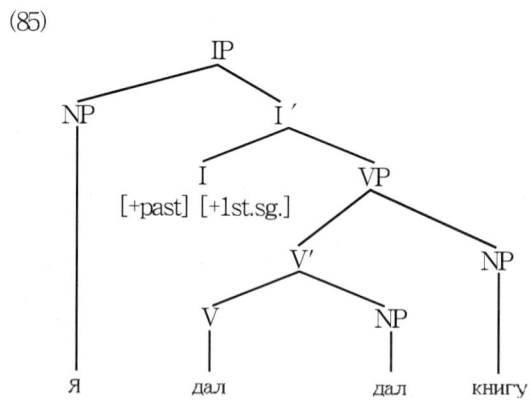

수형도 (84)에서 나타나는 것처럼 직접 목적어와 간접 목적어의 위치가 대격과 여격으로 수형도 상에서 각각 정해지며, 이러한 위치에 의해 형상화된 (83a, b)의 모습이 (85)이다.[53] 따라서 러시아어에서 논항의 역할을 하는 여격 구조는 형상적으로 'V'의 자매'의 위치를 차지한다고 할 수 있다.

이제까지는 간접 목적어의 역할을 하는 여격 명사구, 다시 말해서 논항으로서의 여격 명사구의 구조를 살펴보았다. 또한 앞 절에서 '소유'를 의미하는 여격 명사구는 논항이 아니라 부가어라고 이미 밝힌 바 있다. 그리고 부가어는 논항과는 달리 형상적으로 결정된 위치가 있는 것이 아니며, 또한 어떤 어휘적 범주도 이론적으로는 부가어를 가질 수 있다. 따라서 부가어가 문장에서 필요한 요소가 아닌 선택적 요소라는 것은 수형도 상에서 부가어의 위치가 상대적으로 자유롭다라는 것으로 해석 할 수 있다.

러시아어에서 부가어로써 가장 대표적으로 사용되어지는 조격 명사구를 통해서 먼저 부가어의 형상적 위치를 살펴보자. 다음의 예문 (86a)와 (86b)는 (85)에 조격 명사구, 즉 부가어 'утром'을 추가하여 나타낸 문장과 수형도이다.

(86a) Я   дал   Ивану   книгу   **утром**(조격).
　　　"나는 오전에 이반에게 책을 주었다."

---

53) (100)은 (98a)과 (98b)의 어순이 수형도 상에 반영되지 않은 채로 형상화되었다. 러시아어의 어순이 비교적, 그리고 상대적으로 자유롭다는 전통적인 의견이 있는 반면에 러시아어의 어순은 형상적으로 이미 정해져 있다는 주장을 펼치는 Bailyn(1995)과 같은 학자도 있다.

(86b)

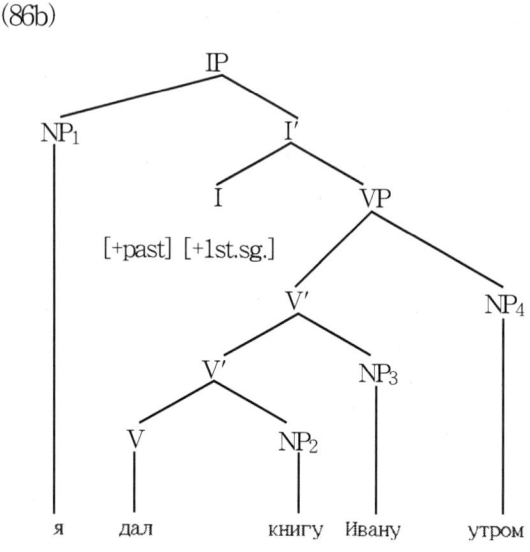

위의 수형도 (86b)에서 볼 수 있는 것처럼 조격 명사구(NP₄)는 부가어로 VP에 부가되었다. 따라서 러시아어에서 'дать' 등과 같이 3항 동사인 경우 외부 논항은 NP₁의 위치를, 내부 논항인 경우는 NP₂와 NP₃의 위치를 각각 차지하며, 조격 명사 'утром'과 같은 부가어의 경우는 NP₄의 위치를 차지하여 수형도 상에서 표현된다고 할 수 있다.

그렇다면 앞서 부가어로 구분한 '소유'를 의미하는 여격 명사구 역시 (86b)처럼 수형도 상에서 나타내어 질 수 있는가를 (23a)문장을 통해서 확인해 보고자 한다. (87)는 예문 (23a)를 수형도 상에서 나타낸 것이다.

(23a) Он разбил **отцу**(여격) **машину.**

(87)

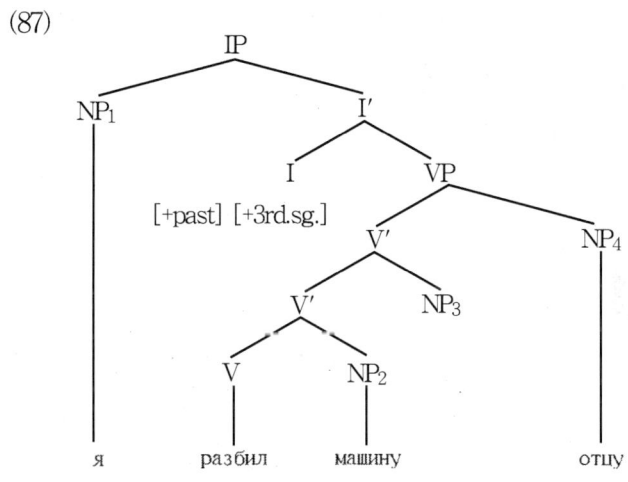

수형도 (86b)와 (87)를 비교해 보면, 수형도 (86b)에서의 논항인 경우의 여격 명사구 'Ивану'와 수형도 (87)에서의 '소유'를 의미하는 부가어인 경우의 여격 명사구 'о т ц у'가 형상적으로 명확히 구분되어짐을 보여주고 있다. 수형도 (86b)에서 NP₃은 논항 자리이고 이에 해당하는 여격 명사구 'Ивану'가 그 위치를 차지하고 있는 반면, 수형도 (87)에서 NP₃은 논항 자리이지만 이에 상응하는 명사구가 없기 때문에 수형도 상에서 NP₃은 빈자리로 남아있다. 또한 부가어로 간주되는 '소유'를 의미하는 여격 명사구 'отцу'는 수형도 (86b)의 부가어인 조격 명사구 'утром'과 동일한 위치인 VP에 부가된 NP₄의 자리를 차지하고 있다. 결론적으로 수형도 (87)는 일반적인 간접 목적어 등 논항의 역할을 하는 여격 명사구의 위치와 부가어로서 '소유'를 의미하는 여격 명사구간의 차이를 분명하게 형상적으로 구분하여 줌으로써 여격 명사구의 의미상의 차이점이 통사적 구조에서 잘 나타남을 보여주고 있다. 이는 앞서 언급했던 Fowler(1987)의 '소유'를 의미하는 여격 명사구는 문법적 현상이 아닌 화용론적인 고려에서부터 기인한 것이라는 주장과는 상반되는 것이다.

2) Schoorlemmer(1993)가 제안한 새로운 여격 명사구 구조

앞서 보았던 논항의 역할을 하는 여격 명사구 구조의 형상이 이제껏 보편적으로 많이 사용되어진 것은 분명하지만, Schoorlemmer(1993)는 이 같은 구조가 (88a)와 같은 문장을 설명하는데 한계를 드러낸다는 점을 들어서 새로운 여격 명사구의 구조를 제시하고 있다. 예문 (88a)와 더불어 수형도 (88b)에서는 여격 명사구가 들어가야 할 자리에 대격 명사가 들어감으로써 생기는 격 겹침(case overlap)의 현상과 함께 전통적인 여격 명사구의 구조를 나타내는 수형도 (84)와도 상충한다. Franks(1990)는 이러한 문제점을 해결하기 위하여, 논항과 부가어가 모두 구조격(structural case)으로 특정한 격(case)의 필요에 의해 설정된 형상 조건을 만족시킨다면, (88b)의 NP_1과 NP_2처럼 수형도 상에서 두 개의 대격 명사가 모두 가능하다고 주장하고 있다. Franks (1990)의 주장대로 라면, 예문 (88a)의 경우 내부 논항인 'книгу'와 부가어인 'час'가 모두 구조격으로 간주되어서, 동사구의 핵인 V의 자매 절점 위치를 차지하고 있다는 가정 하에 가능한 것이다. 하지만 이항 분지(二項 分枝; binary branching)를 형상 구조에서 고수하고자 한다면, 두 개의 대격 명사 NP_1과 NP_2가 모두 'V의 자매'의 위치에 올 수 없다.[54]

(88a) Он читает **книгу**(대격) **час**(대격).

"그는 책을 한 시간 동안 읽고 있다."

(88b)

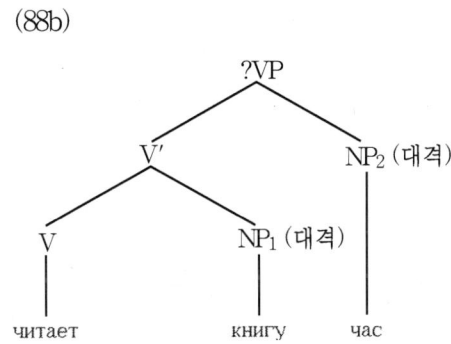

---

54) 두 개의 대격 명사 книгу, час가 V의 자매 위치에 함께 올 수 있는 방법
은 이항 분지를 포기하고, 3항 분지, 또는 분지가 없는 구조(flat structure)
등을 허용하는 일이다. 하지만 Pesetsky(1982)가 지적한 것처럼, 이러한
방법에도 문제가 전혀 없는 것은 아니다. 정상적인 대격 명사라면 부정
문으로 전환되었을 때, 두 대격 명사 모두가 부정 생격으로 (i)과 같이
바뀌어야 한다.

  (i) Она <u>не</u> читала **романа**(생격) **ни минуты**(생격).

그러나 (i)에서 보여 지는 것처럼 시간의 지속을 표시하는 'минута'를 부
정하기 위해서는 'ни'라는 어휘가 추가 될 때에만 가능하다.

  (ii) *Она <u>не</u> читала **романа**(생격) **минуты**(생격).

따라서 (ii)와 같은 문장은 비문으로 남게 된다. 그렇기 때문에 두 개의
대격 명사를 모두 V의 자매 위치로 설정한다는 견해는 (ii)와 같은 문장
을 설명하지 못하는 단점을 또한 가지게 된다.

이러한 구조적인 문제를 해결하기 위해서 Schoorlemmer(1993)가 제안하고 있는 방법은 다음과 같다. 다시 말해서 전통적으로 Chomsky (1981-a, 1986-a)에 의해서는 고유격(inherent case)으로, Franks(1990)에 의해서는 구조격(structural case)으로 여겨졌던 여격 명사구를 Schoorlemmer(1993)는 다음과 같이 설명하고 있다. 그는 의미격 (semantic case)을 포함하여, 간접 목적어뿐만 아니라 여격 주어, 부가어의 기능을 하는 여격, 그리고 변격(變格; quirky case)[55])까지도 설명할 수 있는 새로운 격(case) 구조를 기능 투사 범주인 격구(case phrase, KP)[56]를 통해 설명하고 있다. 아래의 (89)의 구 구조(phrase structure)가 그의 주장을 보여주는 수형도이다.

---

55) (i) Quirky case(변격; 變格): 시제문의 주어는 주격을 그리고 직접 목적어는 대격을 할당받는 것이 통상적이지만, 몇몇 언어에서는 시제문의 주어나 직접 목적어가 비기본격을 가지는 경우가 있는데, 이러한 특수한 격 표시 현상을 지칭한다.
(ii) 러시아어에서 나타나는 변격 여격(quirky dative case)은 동사가 내재 논항, 즉 직접 목적어로서 대격 대신 여격을 취하는 경우에 해당하며, 다음의 동사가 그 예들이다; мешать, подражать, изменить 등.
56) (i) 격 구(case phrase)를 표시하기 위해 CP 대신 KP를 사용하는 이유는 이미 보문자구(Complementizer Phrase)가 CP를 채택하고 있기 때문이다.
(ii) KP에 대한 자세한 설명은 Toman(1993)을 참조하시오.

(89)

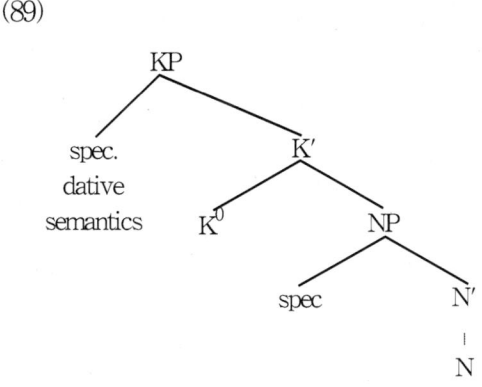

(Schoorlemmer, 1993: 136)

Schoorlemmer(1993)가 주장한 (89)의 구조가 갖는 가장 큰 장은 논항의 역할을 하는 일반적인 여격 명사구, 부가어로서의 여격 명사구, 그리고 변격 여격 등 다양한 여격 명사구의 기능을 설명하기 위해 구구조상에서 각각의 위치와 형상을 지정할 필요가 없다는 것이다.[57] 수형도 (89)의 구조가 여격 명사구의 모든 기능을 설명해 줄 수 있다는 것이다. Schoorlemmer(1993)에 의하면 어느 명사구도 필요하다면 여격을 취할 수 있고, 이러한 여격은 KP라는 기능 범주로 표현되어진다. KP의 핵(head)은 '여격'이라는 기능적 가치(functional value)를 가지며, KP의 지정어(spec.)는 모든 '일반적' 여격이 가질 수 있는 의미들을 포함하고 있다. 또한 K^{0}[58]는 명사구를 보어로 취하며, 이 보어

---

57) Franks(1990)는 내부 논항의 자리를 차지하는 여격(internal dative)과 외부 논항의 위치를 차지하는 여격(external dative)을 독립적으로 설정하여 설명하고 있다. 다시 말해서 V′의 자매와 I′의 자매 위치를 여격의 자리로 정하고 있다. 하지만 Franks(1990)는 변격 여격에 대한 위치는 언급하지 않고 있다.

58) K^{0}은 통상적으로 사용되는 KP의 핵을 표시하는 K와 동일하다. 이 소절

는 '일반적'인 여격과 양립 가능한 수혜자(Recipient), 목적(Goal), 경험
자(Experiencer)[59]등의 의미역(theta role)을 가지고 있다. K^0은 또한
의미역이 없는 명사구, 즉 부가어를 보어로 선택할 수도 있다고
Schoorlemmer(1993)는 밝히고 있다.

그렇다면 Schoorlemmer(1993)가 주장한 구조와 전통적인 여격 명사구
의 구조와의 비교를 통해서 그의 구조가 갖는 장점과 단점을 살펴보도록
하자. 다음의 예문 (90a)는 여격이 표현되어질 수 없는 문장이다. 예문
(90a)가 비문임은 여격 'Ивану'와 조격 'голым'이 동일 지표화(coindexin
g)[60] 될 수 없기 때문이며, 이는 간단히 말해서 'Ивану'가 'голым'을 성분
통어(Constituent Command)[61]하지 못하기 때문이라고 설명할 수 있다.

에서는 그의 논문을 직접 인용하였기에 그의 표기 방식을 따랐다. 그 외
　의 부분에서는 일반적인 표기 방법인 K를 사용한다.

59) 의미역의 종류 및 그에 대한 설명은 Haegeman(1994)을 참고하시오.

60) 동일 지표화(coindexing)되었다는 것은 서로 다른 두 개 이상의 요소에 동
　일한 지표(index)를 부여한다는 것을 의미한다. 따라서 동일한 지표를 가
　진 두 개 이상의 요소는 어떠한 점에서 서로 관련되어 있다고 해석된다.

61) 성분 통어(Constituent Command)의 개념은 Reinhart(1981)의 성분 통
　어와 Chomsky(1986-b)의 성분 통어로 구분되어지며 통상적으로 성
　분 통어라 함은 Chomsky의 것을 의미한다. Reinhart(1981)와 Chomsky
　(1986-b)의 성분 통어에 대한 정의는 다음과 같다.

　　(i) Reinhart(1981)의 성분 통어(Constituent Command)
　　　　Node A c-commands node B iff
　　　　(a) A does not dominate B and B does not dominate A; and
　　　　(b) the first branching node dominating A also dominates B.

　　(ii) Aoun/Sprtiche(1983)가　처음으로　M-Command(Maximal
　　　　Command)의 개념을 제시했고, 후에 Chomsky(1986-b)가
　　　　받아들여 다음과 같이 정의했다.
　　　　α m-commands β iff

(90a) *Борис советовал Ивануi(여격) **голымi**(조격).

(90b)

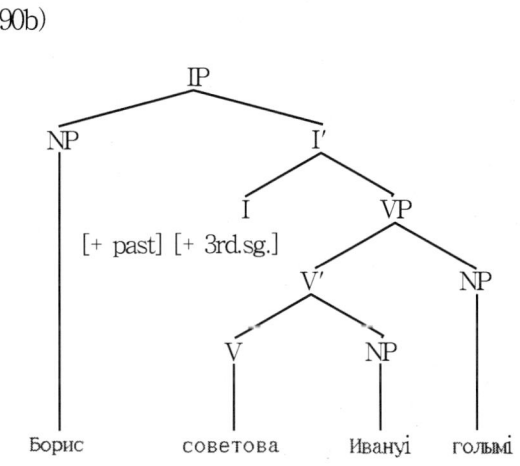

Schoorlemmer(1993)가 제시한 수형도 (89)의 구조에 따라 예문 (90a)를 (91)과 같이 재구성해보면, 그가 새롭게 제시한 수형도에서도 여격 명사 'Ивану'가 조격 명사 'голым'을 성분 통어하지 못하여 예문 (89a)의 비문법성을 잘 설명 해주고 있다. 따라서 Schoorlemmer (1993) 는 지금까지의 여격 명사구 구조를 통해 설명 가능했던 사항들을 KP를 이용한 새로운 제안을 통해서도 설명 가능함을 보여주고 있다. 이러한 사실 외에 다양한 기능을 보여주는 여격 명사구를 위해 각기 다른 형상 적 위치를 설정해야만 했던 기존의 주장들의 한계를 Schoorlemmer (1993)의 새로운 대안은 넘어섰다 하겠다. 다시 말해서 논항, 부가어,

---

(a) neither α nor β dominates the other and

(b) the first maximal projection that dominates α dominates β .

본 연구에서는 (i)를 성분 통어, (ii)를 최대 성분 통어라고 부르겠다.

변격을 포함하는 모든 여격 구조를 하나의 구조 내에서 설명 가능케 했다는 점에서 그의 이론은 큰 성과를 이루었다고 할 수 있다.

(91)

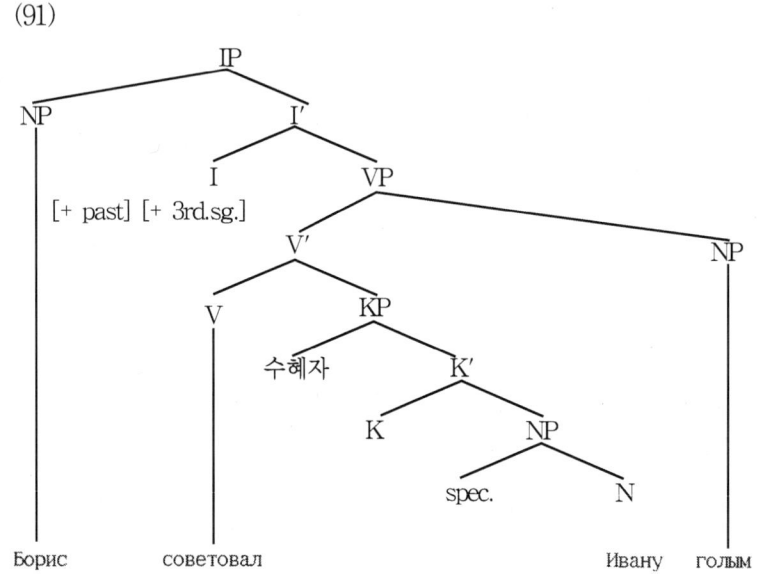

하지만 Schoorlemmer(1993)의 이러한 장점에도 불구하고 그가 수형도 (89)의 구조 설정을 위해 제안한 이론적 틀 내에서 발견되는 모순점을 지적하지 않을 수 없다. 그는 수형도 (91)에서의 여격 'Ивану'가 '[수혜자]'와 같은 의미역을 수반하듯이 수형도 (89)의 N이 적절한 의미역을 갖기 위해서는 KP의 지정어(specKP)와 N과 K를 합한 두 개의 핵 간의 지정어-핵 일치(Spec-Head Agreement)[62]가 이루어진다고 주장

---

62) 지정어 핵 일치(Spec-Head Agreement)란 어떤 최대 투사(XP)의 지정어(Spec)와 핵(Head)이 인칭(person), 수(number), 성(gender), 격(case)과 같은 통사 자질을 공유하는 것을 의미하며, 이는 통상적으로 지정어와 핵에 동일한 지표를 부여함으로써 표시된다.

하고 있다.63) 그러나 아래의 주석(註釋)에서도 밝힌 것처럼 지정어-핵 일치는 한 개의 최대 투사구내에서 표출되는 하나의 핵과 그에 상응하는 하나의 지정어간의 관계를 기본으로 하여 정의 내려진 것임을 알 수 있다. 그러나 수형도 (89)의 구조에서는 KP의 핵과 지정어는 각각 K^0 과 specKP이며, 이 둘 간에 지정어-핵 일치 관계가 성립 가능하다. 또한 K^0의 보어인 NP 역시 하나의 최대 투사구를 이루기 때문에 이 NP 내에서 지정어-핵 일치가 가능한 것은 N과 specNP 뿐이다. 따라서 Schoorlemmer(1993)의 주장처럼 SpecKP와 N과 K가 조합적으로 핵을 이룬 상태에서의 일대일 대응이 아닌 시성어-핵 일치는 인정하기 어렵다. 따라서 Schoorlemmer(1993)가 주장하고 있는 새로운 여격 명사구 구조에 대한 제안은 그것이 가지고 있는 장점에도 불구하고 그의 주장에서 발견되어지는 이론적인 약점을 보상하기에는 많은 어려움이 있다. 따라서 '소유'의 의미를 포함하는 여격 명사구를 설명하기 위한 형상으로는 수형도 (87)가 가장 적절한 구조라 할 수 있다.

결론적으로 여격 명사구는 여격 주어나 간접 목적어와 같이 동사의 외부 논항이나 내부 논항의 역할을 하는 종류와 본 연구에서 다루고 있는 소위 '소유'를 의미하며 논항이 아닌 부가어의 역할을 감당하는 여격 명사구 등 두 종류로 나뉘어 진다. 또한 러시아어에서의 '분리 가능 소유'와 '분리 불가능 소유'를 의미하는 여격 명사구의 형상적 구조는 통사적으로 차이를 보이지 않고 있다. 하지만 러시아어 문장

---

63) ...I assume that N raises to K in the course of derivation. I propose that establishing whether N carries the right theta-role is done by Spec-Head Agreement between specKP and N+K...

(Schoorlemmer, 1993: 137)

상에서 논항과 부가어의 각기 다른 기능을 수행하는 여격 명사구의 형상적 위치는 각각 다르게 설정되어져야 하며, 이러한 각기 다른 설정을 통해서 러시아어에 있어서 여격 명사구의 기능 및 역할이 좀더 분명히 밝혀질 수 있다.

분리 가능 소유의 의미를 갖는
생격 명사구와 여격 명사구 비교

Ⅲ장과 Ⅳ장에서 각각 생격 명사구와 여격 명사구의 기능과 형태, 그리고 이들이 어떤 모습을 형상적으로 가지고 있으며, 또한 나양한 형상적 모습들 중에서 러시아어를 설명하기에 가장 적절한 것은 어떤 것인가를 알아보았다. 이와 더불어서 분리 가능 소유를 의미하는 생격 명사구와 여격 명사구의 구조적 형상은 어떠한 모습을 가지고 있는지도 함께 살펴보았다. 실제로 분리 가능 소유를 의미한다 하더라도 생격 명사구의 경우는 여타의 다른 생격 명사구의 구조와 다르지 않음을 확인할 수 있었다. 하지만 여격 명사구의 경우는 생격 명사구와는 달리 형상적으로 다른 여격 명사구와 다른 모습을 보여주고 있음을 또한 알 수 있었다.

Ⅴ장에서는 Ⅲ장과 Ⅳ장의 생격 명사구와 여격 명사구 구조에 대한 설정을 근간으로 하여, 통사론적으로 아무런 차이가 없으며 단지 미세한 의미적 차이만을 보인다고 밝힌 Levine(1984)의 주장이 과연 옳은 것인지를 알아보고자 한다. 따라서 이번 장에서는 분리 가능 소유를 의미하는 생격 명사구와 여격 명사구가 통사론적으로는 어떻게 설명되어져야 하며, 그 둘간의 차이점은 어떤 모습을 가지고 있는지에 대해 여러 가지 각도로 조명하고자 한다. 이를 통해서 Levine(1984,

1986)의 주장은 물론 Fowler(1987)의 주장, 즉 분리 가능 소유를 의
미하는 여격 명사구의 구조가 문법적 현상이 아닌 화용론적인 선택과
고려에 의한 차이만을 나타내고 있다는 견해가 옳은 것인가를 알아보
고자 한다.

1. 수형도 상에서 나타나는
형상적 차이(Configurational Difference)

1) 형상적 차이의 중요성

분리 가능 소유를 의미하는 생격 명사구와 여격 명사구를 자세히
비교하기에 앞서 과연 지배 결속 이론에서 다루는 형상적 차이가 어
느 정도 문장의 변별성을 설명해 줄 수 있는가를 함께 살펴보고자 한
다. 다음의 두 예문 (92a)과 (92b)를 비교해 보자.

(92a) Мы посмотрели памятник **Пушкина**.

"우리는 푸쉬킨 (소유의) 동상을 보았다."

(92b) Мы посмотрели памятник **Пушкину**.

"우리는 푸쉬킨 (기념) 동상을 보았다."

위의 예문 (92a)와 (92b)는 문법적으로 아무런 문제가 없는 러시아
어 문장들이다. 하지만 위의 두 문장은 추가적인 설명이나 'памятник'
이라는 어휘에 대한 사전 지식이 없다면 문장 의미의 차이를 파악하

기가 어렵다. 예문 (92a)에서 표현하고자 하는 것은 '푸쉬킨이 소유하고 있는 다른 사람을 기념하기 위한 동상을 보았다'[64]이다. 이는 생격이 가지고 있는 가장 일반적이고 보편적인 의미인 '소유'를 근거로 하여 문장의 의미가 해석된 것이다. 따라서 예문 (92a)는 의미를 정확히 전달하기 위해 예문 (93)처럼 다시 쓰여질 수 있다.

(93) Мы посмотрели памятник (<u>кому-то</u>) **Пушкина.**

다시 말해서 예문 (92a)는 (93)에서의 'кому-то'라는 어휘가 생략된 것이라고 볼 수 있다. 이에 반해 (92b)의 예문은 정상적으로 여격 보어를 필요로 하는 명사 'памятник'뒤에 'Пушкин'의 여격 형태인 'Пушкину'가 온 것이다. 다시 말해서 소위 어휘격(lexical case)의 자격으로 여격 명사구인 'Пушкину'가 문장 상에서 표현된 것이다. 이러한 두 예문 (92a)와 (92b)의 차이를 수형도를 통해서 살펴보자.

(94a)

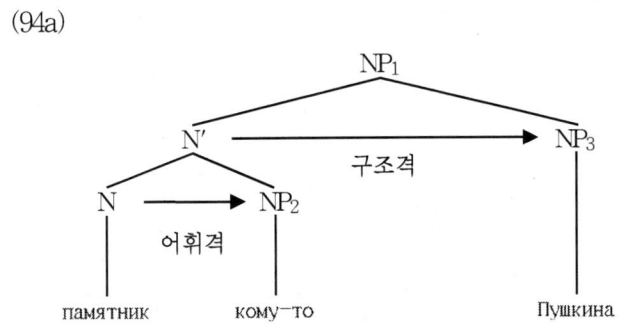

---

64) 예문 (92a)의 해석이 물론 '푸쉬킨이 소유하고 있는 자신의 동상'일 수도 있다. 하지만 통상적으로 살아있는 사람의 동상을 제작하지 않는다는 사실에 근거하여 볼 때, 그와 같은 해석은 받아들이기가 쉽지 않다.

(94b)

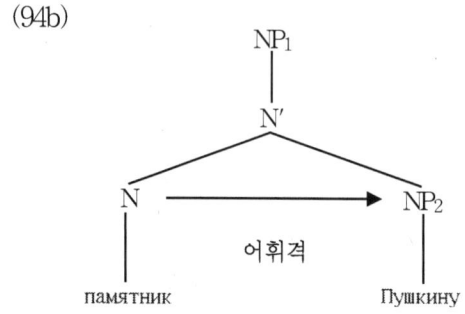

수형도 (94a)와 (94b)는 각각 예문 (92a)와 (92b)를 반영하여 구성한 것이다. (94a)와 (94b)의 수형도를 통해서 두 예문 (92a), (92b)의 의미상의 차이가 보다 명백히 드러난다. 무엇보다도 NP_1의 핵인 N은 두 형상 모두에서 어휘격인 여격을 NP_2에 할당하며, 할당된 여격이 (94a)에서는 표면구조에서 도출되지 않지만, 예문 (92a)의 의미 파악에 도움을 주는 것을 알 수 있다. 또한 NP_1의 중간 절점인 N′로 묶인 구조가 (94a)에서는 뒤 이어서 나오는 명사구에 자연스럽게 구조격인 생격 명사구를 할당하게 된다는 사실 또한 수형도를 통해서 쉽게 파악할 수 있다. 이렇듯 표면적으로 보여 지는 문장간의 구분하기 어려운 의미들도 형상적인 수형도를 통해서 쉽게 밝혀진다. 따라서 정확한 수형도의 설정과 수형도간의 형상적 차이를 통해서 분리 가능 소유를 의미하는 생격 명사구와 여격 명사구의 차이를 표현해 보고자 한다.

2) 분리 가능 소유를 나타내는 생격과 여격
   명사구의 형상적 차이

다음의 문장과 수형도는 Ⅲ장과 Ⅳ장에서 이미 언급된 것으로 비교의 편이를 위해 다시 한번 반복하기로 하겠다.

(95a) Он разбил машину **отца**(생격).

(95b) Он разбил **отцу**(여격) машину.

(96a)

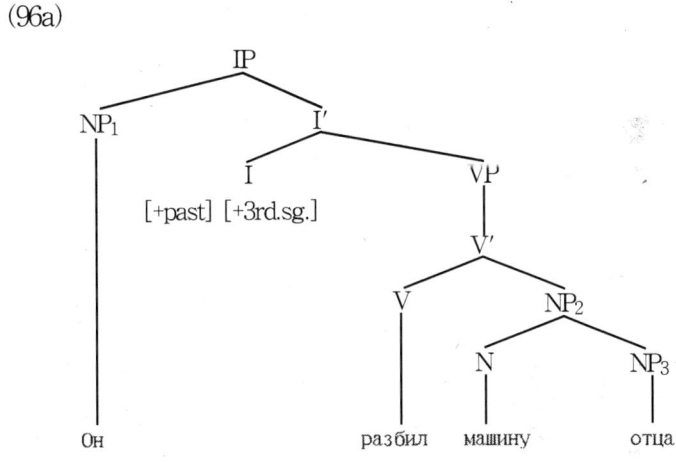

(96b)

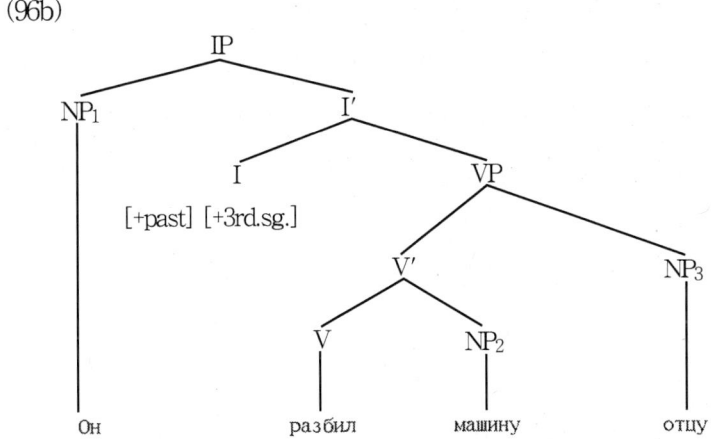

위의 두 수형도 상에서 나타나는 생격 명사구와 여격 명사구의 구
조적 위치를 먼저 살펴보자. 예문 (95a)는 명사를 수식하는 생격 명
사구 NP₃이 수식 받는 명사 NP₂에 걸려있는 반면, 예문 (95b)에서는
여격 명사구가 부가어로서 VP에 부가되어 있는 것을 알 수 있다. 예
문 (95a)와 (95b)에 각각 상응하는 수형도 (96a)와 (96b)를 비교한다
면 그 차이를 더욱 쉽게 구별할 수 있다.

수형도 (96a)에서 알 수 있는 것처럼 생격 명사구(NP₃)는 '더 큰
명사구(NP₂)'의 일부이며, 이는 곧 동사 'разбил'의 내부 논항인 NP₂
의 일부분임을 의미한다. 따라서 NP₂는 동사로부터 대격과 더불어 의
미역을 할당 받게 되고[65], NP₃은 NP₂ 뒤에서 자연스럽게 구조격인
명사를 수식하는 생격 명사(adnominal genitive)를 가지게 된다. 그리
고 2항 동사인 'разбил'은 수형도 상에서 보여 지는 것처럼 V의 자매
위치에 있는 NP₂인 'машину'와 함께 NP₂의 일부인 NP₃ 'отца'를 성분
통어 한다.[66]

이에 반해 수형도 (96b)에서의 여격 명사구 구조는 생격 명사구 구
조와는 다른 양상을 보여주고 있다. 먼저 (96b)의 여격 명사구 구조
를 나타낸 수형도에서 관심을 가지고 보아야 할 것은 여격 명사구

---

65) 여기에서 NP₂가 할당받는 의미역은 [Patient(수동자(受動者))]일 수 있
　　는데, Haegeman(1995)은 수동자를 다음과 같이 정의하고 있다.

　　Patient: the person or thing undergoing the action expressed by the
　　predicate.

　　　　　　　　　　　　　　　　　　　　　　　　　　(Haegeman, 1995: 49)

66) (96a)에서는 동사 'разбил'이 성분 통어(Constituent Command)와 일반적
　　인 Chomsky(1986-b)의 최대 성분 통어(Maximal Command)에 관계없이
　　대격 명사 'машину'와 생격 명사 'отца'를 성분 통어 한다. 하지만 여기서
　　는 여격 명사구와의 차이점을 규명하기 위해서 성분 통어를 사용한다.

NP₃ 'отцу'가 논항이 아니라 부가어라는 것이다. IV장에서도 이미 밝힌 것처럼 수형도 (96b)상에서는 마치 수형도 (84)에서 표현된 것처럼 논항의 위치를 차지하고 있는 것처럼 보이지만, 이는 논항의 부재로 인해 수형도 상에서 여격 명사구인 논항의 위치가 표출되지 않은 것이고, 단지 조격과 같은 부가어가 차지하는 위치에 여격 명사구가 논항이 아닌 부가어로서 자리를 차지하고 있는 것이다. 또한 생격 명사구의 구조와는 다르게 동사 'разбил'은 내부 논항인 대격 'машину'를 성분 통어 하지만, V'의 자매의 위치를 차지하고 있는 여격 명사 'отцу'를 성분 통어 하지는 못한다.[67]

결론적으로 수형도 (96a)와 (96b)의 비교를 통해서 알 수 있는 사실은 다음과 같다. 첫째로 동사 'разбил'은 수형도 (96a)와 (96b)에서 동일한 외부 논항('он')을 취한다. 그러나 내부 논항의 경우 (96a)에서는 생격 명사구인 NP₃을 포함하는 NP₂전체를 취하는 반면, (96b)에서는 부가어인 여격 명사구 NP₃을 포함하지 않은 채 NP₂만을 내부 논항으로 선택함을 알 수 있다. 둘째로 서로 다른 논항을 선택하는 구조적 차이로 인해 동사 'разбил'은 (96a)에서 생격 명사구를 성분 통어 하는 반면, (96b)에서의 여격 명사구를 성분 통어 하지 못하는 모습을 보여 주고 있다. 이와 같은 사실은 분리 가능 소유를 나타내는 생격 명사구와 여격 명사구의 수형도 상에서의 형상적 차이를 명확히 보여주는 예들이다.

---

67) 주석 (59)에서 밝힌 것처럼 여격 명사구 구조의 특이성을 설명하기 위해서 Reinhart의 성분 통어를 사용하고 있다. 만약 Chomsky(1986-b)의 최대 성분 통어(Maximal Command)를 이용하여 동사와 명사구간의 관계를 설명하고자 한다면, 동사는 (96a)와 (96b)의 생격 명사구와 여격 명사구를 모두 최대 성분 통어 하기 때문에 이 두 구조간의 변별성을 설명할 수 없게 된다.

2. 구성소 구조 대체성 검증
(Replaceability Testof the Constituent Structure)

두 번째로는 구성소 구조 대체성 검증을 통해서 분리 가능 소유를 의미하는 생격 명사구와 여격 명사구의 차이를 찾아내고자 한다. 이미 언급한 것처럼 (96a)에서 생격 명사구인 NP3은 더 큰 명사구 NP2 아래 있으며, NP3을 포함하는 NP2가 서술어의 내부 논항이고, 수형도 (96b)에서 여격 명사구인 NP3은 V'와 자매 관계이며 NP2만이 서술어의 내부 논항이 된다. 각기 다른 두 내부 논항을 대명사로 대체 했을 때를 비교한 것이 다음의 두 예문 (97a)와 (97b)이며, 예문 (97a)와 (97b)는 각각 예문 (95a)과 (95b)를 바탕으로 대명사를 포함하기 위해서 확장되었다.

(97a) Он разбил NP2[машину NP3[**отца**]]$_j$ и [**её**]$_j$ продал.

"그는 아버지의 차를 박살내고는 팔아 버렸다."

(97b) Он разбил NP2[**отцу**] NP3[машину]$_k$ и [**её**]$_k$ продал.

예문 (97a)에서 대명사 'е ё'는 더 큰 명사구 NP2와 (j)로 동일 지표화 되며, 이는 생격 명사구인 NP3가 NP2의 내부에서 NP2와 더불어 이동한다는 것을 보여준다. 이와는 다르게 예문 (97b)에서 대명사 'её'는 NP3인 'машину'와만 (k)로 동일 지표화 되며, 이는 또한 여격 명사구 NP3이 NP2와 함께 이동할 수 없다는 것을 뜻한다. 따라서 예문 (97a)와 (97b)에서처럼 대명사 'её'가 구조상으로 각기 다른 선행사를 가질 수 있다는 사실을 통해서 이 두 문장이 의미상으로, 그리고 문법적으로 동일하지 않음을 증명할 수 있다.

3. 전치사구 'у+ кого'와의 비교

러시아어에서 소유를 나타내는 표현은 아주 다양하다.[68] 이 중에서
전치사 'у'를 포함하는 예문 (98)과 같은 문장은 전형적으로 '소유'를
의미하는 구조이다.

(98) У меня есть учебник русского языка.

"나는 러시아어 교재를 가지고 있다."

따라서 전치사 'у'를 포함하는 문장과 '소유'를 의미하는 생격 명사
구와 여격 명사구와의 교체(alternation) 가능성 여부는 생격 명사구
와 여격 명사구를 각각 포함하는 두 문장간의 차이점을 보여줄 수 있
는 또 다른 증거가 된다.

먼저 여격 명사구와 전치사 'у'를 포함하는 문장과의 교체 가능성을

---

68) 러시아어에서 소위 '소유'의 의미를 지니는 표현들은 앞서 살펴보았던 생
    격 명사구와 여격 명사구를 이용한 문장 외에도 다양한 양상을 보여준다.

(a) 소유 대명사
Моя книга нашлась в комнате.
"나의 책은 방에서 발견되었다."
(b) 재귀 대명사
Он знает своё дело.
"그는 자신의 일을 알고 있다."
(c) 어 휘
Он имел деньги при себе.
"그는 수중에 돈을 갖고 있었다."
(d) 소유 형용사 또는 물주 형용사
Она продала отцов дом.
"그녀는 아버지의 집을 팔았다."

점검해 보자. Zajíčková(1972)는 직접 목적어의 일부인 'y+кого'가 여격 명사구와 교체 가능하다고 주장하며 다음과 같은 예들을 제시하고 있다.

(99a) Он испортил **у меня** жизнь.

(99b) Он испортил **мне** жизнь.

　　"그는 내 인생을 망쳤다."

(100a) Вы испачкали **у меня** платье.

(100b) Вы испачкали **мне** платье.

　　"당신은 내 드레스를 더럽혔다."

(101a) Дырявил у **меня** машину.

(101b) Дырявил **мне** машину.

　　"그가 내 차를 긁었다."

(Fowler, 1987: 403에서 재인용)

Zajíčková(1972)는 'y+кого'를 허용하는 동사는 다른 동사들과 구분이 가능하며, 그녀가 제시한 70개의 여격 명사구를 가진 문장들 중 'y+кого'와 교체 가능한 것은 위에서 언급한 (99a), (100a), (101a) 뿐이라고 한다. 또한 Zajíčková(1972)의 견해에 따르면 전치사 'y'를 포함하는 문장을 가능케 하는 동사는 행위의 대상을 제거하거나 다른 곳으로 가져가는 행동을 묘사한다고 한다. 하지만 Fowler(1987)가 지적한 대로 (99a), (100a), (101a)의 예문들은 이러한 Zajíčková(1972)의 견해를 반영한 문장이라고 보기는 어렵다. 이는, 뒤에서 다시 밝히겠지만, 실제로 '제거'나 '이탈'의 의미가 (99a), (100a), (101a) 보다 더욱 문장 상에서 강하고 명확하게 표출되는 경우, 'y+кого'를 포함하는 문장이 여격 명사구와의 교체를 허용하지 않는다는 것에서 알수 있다. 다음의 두 문장은 그 증거로 Fowler(1987)가 제시한 것이다.

(102) Вы украли **у меня** карандаш.

"당신은 내 연필을 훔쳐갔다."

(Fowler, 1987: 404)

(102а) *Вы украли **мне** карандаш.

(103) Таможенники отобрали **у него** библию.

"세관원들은 성경을 그로부터 빼앗아갔다."

(Ibid.,)

(103а) *Таможенники отобрали **ему** библию.

위의 두 예문에서 알 수 있는 것처럼 (102)과 (103)에서 사용되어지는 동사는 예문 (99a, b), (101a, b), (101a, b)의 동사보다 '제거'나 '이탈'의 의미를 더욱 명백하게 어휘적으로 가지고 있지만, 이러한 동사가 사용된 문장에서는 여격 명사구와의 교체가 가능하지 않음을 예문 (102a)와 (103a)를 통해 알 수 있다. 따라서 여격 명사구와 전치사 'y+кого'와의 교체는 통사론적으로 Zajíčková(1972)가 주장한 것처럼 허용되어진다고 보기 어렵다.

다음의 분리 가능 소유를 의미하는 두 예문 (104a)와 (104b) 중에서 어떤 문장이 전치사 'y'를 포함한 예문 (105)와 의미의 변화 없이 교체 가능한가를 통해서 앞서 살펴본 여격 명사구와는 다른 모습을 보이는 생격 명사구의 문장 상에서의 역할을 알아보자.

   (104a) Она угнала лошадь **бабушки**(생격).

        "그 여자는 할머니의 말을 훔쳐갔다."

   (104b) ??Она угнала лошадь **бабушке**(여격).

   (105) Она угнала лошадь **у бабушки**.

        "그 여자는 할머니로부터 말을 훔쳐 갔다."

  앞서 밝힌 것처럼 위의 예문들의 비교에서 원어민들은 예문 (105)
과 교체 가능한 문장으로 (104b)가 아닌 (104a)를 선택한다. 이는 예
문 (105)의 뜻을 가진 문장으로 (104b)를 원어민들은 인정하지 않는
다는 것이다. 물론 예문 (105)의 문장의 의미를 '소유'의 개념이 아닌,
'위치'의 개념으로 분석하여, 예문 (105)를 "그 여자는 할머니 집에
있는 (누군가의) 말을 훔쳐갔다."라고 해석할 수도 있다. 하지만 이에
대한 설명은 전치사 'у'를 포함하는 전치사구에 대한 해석을 '소유'로
볼 것이냐, '존재'로 볼 것이냐에 대한 문제이고, 또한 여기에서 함께
살펴 보고자하는 내용이 전치사 'у'를 가진 문장과 생격 명사구를 가
진 문장간의 교체 가능성 여부를 알아보자는 것이기에 본 연구에서는
이에 대한 언급은 피하기로 하겠다.
  다음의 예문들은 앞선 Zajíčková(1972)의 견해에 대한 반박을 위해
Fowler(1987)가 제시하였던 예문들을 다시 생격 명사구를 포함한 문
장으로 전환하여 그 수용 정도를 알아본 것이다.

(106) Вы украли **у Ивана** карандаш.

　　"당신은 이반으로부터 연필을 훔쳐갔다."

(106a) Вы украли карандаш **Ивана.**

　　"당신은 이반의 연필을 훔쳐갔다."

(107) Таможенники отобрали **у Бориса** библию.

　　"세관원들은 보리스에게서 성경을 빼앗아갔다."

(107a) Таможенники отобрали библию **Бориса.**

　　"세관원들은 보리스의 성경을 빼앗아갔다."

　예문 (106)과 (106a), (107)과 (107a)를 통해서 파악할 수 있는 사실은 예문 (102a)와 (103a)에서 알 수 있는 것처럼 여격 명사구와의 교체가 불가능한 전치사 'y'를 포함하는 러시아어 문장들이 생격 명사구를 포함하는 문장과는 교체가 가능하다는 것이다. 물론 이번 절에서 다루고 있는 예문들이 모두 '제거', '이탈', '사라짐' 등의 어휘적 의미에 한정되어서 제시되었다는 점에서 아쉬움이 남는다. 하지만 전치사 'y'를 가진 문장과 여격 명사구를 포함한 문장과의 교체가 순조롭지 못하고, 생격 명사구와의 교체는 가능하다는 사실은 여격 명사구와 생격 명사구를 가진 두 문장간에 차이점이 있음을 인정하는 것이라 하겠다.

　다음으로는 동사가 외부 논항과 내부 논항에 부여하는 의미역의 할당을 통해서 분리 가능 소유를 의미하는 생격 명사구와 여격 명사구의 차이점을 살펴 보고자 한다.

4. 동사와 의미역 할당(Theta-Role Assignment)

서술어인 동사구(VP)는 외부 논항과 내부 논항에 각각 의미역을 할당한다는 사실은 이미 잘 알려져 있다. 물론 논항에 어떤 의미역을 할당하는지는 각 동사가 가지고 있는 고유한 특징이다. 따라서 의미역 할당은 동사에 따라 모두 다를 수 있다.

앞서 논의된 (95a)의 생격 명사구(NP₃)은 상위의 더 큰 명사구(NP₂)와 더불어 내부 논항으로 간주되어서, '[수동자]'의 의미역을 할당받는다고 이미 밝힌 바 있다. 물론 (95b)의 여격 명사구(NP₃)가 부가어이기 때문에 의미역을 할당받을 수는 없다. 하지만 일반적인 여격 명사구, 즉 논항의 역할을 하는 여격 명사구가 갖는 의미역의 종류를 살펴봄으로써 생격 명사구와 이러한 일반 여격 명사구가 갖는 의미역과의 비교를 통해 두 구조간의 차이를 간접적으로 증명해 보고자 한다.

일반적으로 논항으로 구분되어지는 여격 명사구는 '[경험자(Experiencer)], [수혜자(Benefactive)], [착지점(Goal)]'[69] 등으로 구분되어 진다. 러시아어에서 [경험자]는 여격 주어(dative subject)에서 주로 나타나고, [수혜자]나 [착지점]은 간접 목적어의 의미역으로 선택되어지는 경우가 많다. 영어의 예와 함께 러시아어의 예를 살펴보자.

(108) I gave **Mary**([수혜자]/[착지점]) a book.
　　"나는 메리에게 책을 주었다."

---

69) 의미역의 종류와 세분화된 의미는 71쪽의 (75)를 참조하시오.

(109) Я дал ему([수혜자]/[착지점]) книгу.

"나는 그에게 책을 주었다."

(110) Мне([경험자]) холодно.

"나는 춥다."

예문 (108)과 (109)에서 영어의 'Mary'와 러시아어의 'ему'는 각각 동사 'gave'와 'дал'로부터 [수혜자] 또는 [착지점]'라는 동일한 의미역을 할당받는나. 따라서 논항으로서의 예문 (95a)에서 보여진 생격 명사구(NP₃)이 갖는 [수동자]의 의미역과 간접적인 비교이기는 하지만, 예문 (109)의 여격 명사구가 갖는 [수혜자] 또는 [착지점]의 의미역 사이에는 차이가 있음을 알 수 있다.

다음의 두 문장은 이러한 의미역과 관련하여 다른 각도에서 생격 명사구와 여격 명사구간의 차이를 명백히 보여준다.

(111a) Я купил машину отца(생격).

"나는 아버지의 차를 샀다."

(111b) Я купил машину отцу(여격).

"나는 아버지에게 차를 사드렸다."

위의 예문 (111a)와 (111b)를 문장이 가지고 있는 의미를 명확히 구별하기 위해 각각 예문 (112a)과 (112b, c, d)와 같이 의미의 변화 없이 다시 표현할 수 있다.

(112a) Я <u>купил</u> машину **у отца.**

    "나는 아버지로부터(아버지 소유의) 차를 샀다."

(112b) Я <u>купил</u> машину **для отца.**

(112c) Я <u>подарил</u> машину **отцу.**

(112d) Я <u>купил</u> машину, чтобы подарить её **отцу.**

    "나는 아버지를 위해서(아버지에게 드리기 위해서) 차를 샀다."

예문 (111a, b)와 (112a, b, c, d)를 통해서 파악할 수 있는 내용은 외형상으로는 분리 가능 소유의 형태를 가지고 있더라도 실제로는 (112b)처럼 분리 가능 소유를 의미하지 않을 수도 있다는 것이다. 이는 동사가 선택하는 논항과 그 논항의 선택 제한(selectional restriction)[70]이 얼마나 중요한가를 보여 주는 것이다. 또한 예문 (111b)의 동사 'купить'는 2항 동사이지만, 논항이 아닌 여격 명사구가 지니는 의미적 특성이 문장상에서 얼마나 잘 드러나는가를 예문 (112b, c, d)을 통해서 잘 파악할 수 있다. 다시 말해서 예문 (111b)의 여격 명사구 'отцу'는 동사 'купил'이 필요로 하는 논항이 아니지만, 의미상으로는 간접 목적어처럼 사용되어져서 문장의 의미를 강화하는 역할을 했다는 점에서 '의사 논항(疑似 論項; pseudo-argument)'내지는 '논항처럼(argument-like)' 쓰인 비

---

70) 선택 제한(selectional restriction)은 하위 범주화(subcategorization)와 함께 술어가 가지고 있는 특성 중의 하나로 동사가 주어와 목적어에 부과하는 의미적 제한을 지칭한다. 예를 들어서 러시아어 동사 'читать'는 주어로는 활동체 명사, 그 중에서도 사람이 선택되어야 하고, 목적어로는 쓸 수 있는 대상이 선택되어야 한다.

    (i) Анна писала письмо.
    "안나는 편지를 썼다."
    (ii) * Писимо писало Анну.

논항(non-argument) 명사구라고 할 수 있겠다.[71]

5. 어 순(Word order)

Levine(1981)은 예문 (95a)과 (95b)에서 보여 지는 생격 명사구와 여격 명사구의 차이를 의미적 변별성이 없는 격 교체(case alternation) 현상으로 설명하고 있다. 하지만 이러한 그의 견해가 두 예문 (95a)와 (95b)를 이용한 다양한 어순과 수동태 변형(passivization)의 과정에서도 설득력 있게 작용하는지를 알아보자.

Kondrashova[72]의 의견에 따르면 생격 명사구가 포함된 문장의 어순과 여격명사가 포함된 어순에 대한 원어민의 수요정도가 많이 다르다. 다음의 예문들은 (95a)와 (95b)를 기본으로 발생 가능한 어순을 만들어 보았다.

(113a) *? Он разбил **отца** машину.

(113b) Он разбил **отцу** машину.

(114a) ???Он **отца** разбил машину.

(114b) Он **отцу** разбил машину.

---

71) 본 연구에서 처음으로 제시된 의사 논항(疑似 論項; pseudo-argument) 은 본문에서 밝힌 것처럼 논항이 아닌 명사구가 논항과 유사하게 사용 되어질 때 붙여질 수 있는 명칭이라고 할 수 있다.

72) Kondrashova와는 어순에 관해 전자 우편을 통해 의견을 교환했음을 밝힌다.

(115a) ?? Вчера **отца** он разбил машину.

(115b) Вчера **отцу** он разбил машину.

　　"어제 그는 아버지의 차를 박살냈다."

　예문 (113a, b)와 (114a, b)는 예문 (95a)와 (95b)를 바탕으로 다른 어구의 첨가 없이 순수하게 어순의 변화만을 가지고 문장의 문법성과 수용정도를 알아본 것이고, (115a, b)는 어순의 변화와 더불어 'вчера'라는 부사, 즉 부가어의 첨가가 문장에 어떤 영향을 미치는 가를 보여주는 예이다. 먼저 여격 명사구를 포함하는 문장을 살펴보면, (113b), (114b), (115b)의 모든 예문에서 여격 명사구가 포함된 문장은 비문이 아닌 것으로 받아들여진다. 이에 반해 생격 명사구가 포함된 경우는 어순에 변화를 주거나, 부가어가 첨가되는 경우 예문 (1144a), (115a)처럼 비문이 될 가능성이 높거나 (113a)와 같이 비문으로 간주되어진다는 것을 알 수 있다. 따라서 Levine(1984)이 주장한 것처럼 생격 명사구와 여격 명사구를 단순한 의미의 차이가 드러나지 않는 격(格) 교체(交替)로 여기기에는 위의 예문들을 살펴볼 때 문제점이 있다고 하겠다.

　결과적으로 생격 명사구와 여격 명사구를 격 교체로 간주할 수 없는 측면은 분리 가능 소유를 의미하는 생격 명사구와 여격 명사구간에 명백한 차이점이 존재한다는 것을 증명해주는 또 다른 증거라 할 수 있다. 어순을 통한 분리 가능 소유를 의미하는 생격 명사구와 여격 명사구간의 차이점에 대한 설명에 이어서 다음절에서는 수동태 변형의 과정과 가능성에서 두 구조 간에 어떠한 차이점이 나타나는지를 알아보자.

6. 수동태 변형(Passivization)

앞서 살펴본 어순의 다른 가능성 외에 수동태 변형 역시 분리 가능 소유를 의미하는 생격 명사구와 여격 명사구가 격 교체(case alternation)로 여겨져서는 안 된다는 것을 보여주는 반증으로 제시될 수 있다.

예문 (95a)와 (95b)를 수동태로 바꾼 예문 (116)과 (117)를 비교해 보자.

(116) Машина отца **была** разбита им.

"아버지의 차는 그에 의해서 박살났다."

(116a) *Машина была **отца** разбита им.

(116b) *Машина была разбита **отца** им.

(116c) *Машина была разбита им **отца**.

(117) *Машина **отцу** была разбита им.

(117a) *Машина была **отцу** разбита им.

(117b) *Машина была разбита **отцу** им.

(117c) *Машина была разбита им **отцу**.

예문 (116)은 생격 명사구가 직접 목적어인 'машину'와 함께 동사의 내부 논항의 일부로 간주되어 수동태 변형 후 목적어이던 'машину отца'가 주어의 위치로 이동되어 'машина'는 주격으로 바뀌어 수동태 문장을 형성함을 보여준다. 수동태 변형이후에도 생격 명사구인 'отца'가 주어의 위치에서 'машина'처럼 주격으로 변화하지 않고 생격을 유지하는 이유는 'отца'가 주격 명사 'машина'로부터 능동태의 직접 목적어의 위치에서와 마찬가지로 구조격인 생격을 할당받기 때문이다. 또한 예문 (116)에서처럼 분리 가능 소유를 나타내는 생격 명사 'отца'가 선행하는 명사인 'машина'와 수동태 변형이후에도 함께 이동해야 하는 이유는 예문 (116a, b, c)가 비문임을 통해서 쉽게 알 수 있다. 이에 반하여 여격 명사구 'отцу'는 예문 (117)에서 보여 지는 문장 상에서의 위치 외에 어느 곳을 차지하더라도 비문으로 간주되어져야함이 (117a, b, c)를 통해서 확인할 수 있다. 결국 생격 명사구와 여격 명사구를 포함하는 분리 가능 소유를 의미하는 문장간의 차이점이 수동태 변형을 통해서 다시 한번 입증되었다고 하겠다.

7. 부정문에서 나타나는 차이점

부정문에서 나타나는 양상의 차이 또한 생격 명사구와 여격 명사구가 가지는 분리 가능 소유의 의미의 차이를 반영해 준다. 부정소사 'не'가 문장 상에서 차지 할 수 있는 위치를 알아보기 위해 예문 (95a)와 (95b)에 변화를 준 문장들을 살펴보자.

(118a) Он **не** разбил машину **отца**.

　　 "그는 아버지의 차를 박살내지 않았다."

(118b) * Он **не** разбил **отцу** машину.

(119a) Он разбил **не** машину **отца**.

　　 "그가 박살낸 것은 아버지의 차가 아니다."

(119b) * Он разбил **не отцу** машину.

(120a) Он разбил машину **не отца.**

"그가 박살낸 차는 아버지의 것이 아니다."

(120b) * Он разбил **отцу не** машину.

위의 예문 (118a), (119a), (120a)처럼 생격 명사구를 포함한 예문들은 문법적으로 문제가 없는 문장인데 반해, 여격 명사구를 예문의 일부로 가지고 있는 (118b), (119b), (120b)는 비문임을 알 수 있다. 물론 생격 명사구를 포함하는 (118a), (119a), (120a)가 각각 다른 의미로 해석되어질 수 있다. 이는 부정 소사 'не'의 위치에 따라 문장의 의미가 다르게 받아들여지기 때문이다. 예문 (118a)는 가장 일반적인 문장의 부정을 나타낸 것이다. 따라서 예문 (118a)는 단순히 '차를 박살내지 않았다'라는 의미로 해석되어진다. 이와는 달리 예문 (119a)의 경우는 '아버지의 소유물 중 하나를 박살내기는 했는데 그것이 자동차가 아니다'라는 의미를 담고 있고, 예문 (120a)에서 부정 소사를 이용하여 표현하고자 하는 내용은 '그가 박살낸 자동차는 아버지의 소유물이 아닌 다른 사람의 것'이라는 것으로 해석할 수 있다. 그러므로 예문 (118a), (119a), (120a)가 각기 다른 의미를 지니고 해석되어질 수는 있지만, 세 개의 각기 다른 예문들에서 공통적으로 유추해낼 수 있는 사실은 생격 명사인 'отца'를 통해서 '소유의 주체'가 누구인가를 밝히고 있다는 사실이다. 결론적으로 생격 명사구를 포함하는 분리 가능 소유를 의미하는 문장이 부정 소사 'не'와 결합할 때에도 문법적으로 정문(grammatical sentence)으로 간주되는데 반하여, 여격 명사구를 포함하는 분리 가능 소유를 의미하는 문장의 경우에 있어서는 생격 명사구의 그것과 다른 양상을 보인다는 점에서 생격 명사구와 여격 명사구를 포함하는 분리 가능 소유를 의미하는 두 문장간의 상이함이 드러난다고 하겠다.

결론적으로 V장에서는 분리 가능 소유를 의미하는 생격 명사구와 여격 명사구간의 차이가 화용론적인 선택과 고려에서뿐만 아니라 통사적으로도 명백한 차이를 보여 주고 있음을 확인할 수 있었다. 따라서 이러한 두 격(case)간의 차이를 감안할 때, 분리 가능 소유를 의미하는 러시아어 예문에서는 생격 명사구와 여격 명사구가 격 교체 (case alternation) 현상으로 설명되어 질 수는 없다. 이와 더불어서 이러한 견해는 생격 명사구와 여격 명사구를 각각 지니는 두 문장간의 형상적 차이, 구성소 구조 대체성 검증, 전치사 'y+koro'와의 비교, 의미역 할당, 어순, 수동태 변형, 부정 소사가 들어간 문장과의 비교 등을 통해서 다양하게 입증될 수 있었다.

맺음말

본 연구에서는 영어, 한국어 등과는 다른 러시아어의 다양한 언어적 특징 중에서 격(case)에 내해서 알아보았나. 시배 셜속 이톤이 주구하는 보편 문법(Universal Grammar)이라는 틀 속에서 과연 러시아어가 가지고 있는 언어적 특성이 어떠한 모습으로 나타나는지를 본 연구를 통해서 조금이나마 살펴보았다고 하겠다. 특히 여섯 개의 비교적 다양한 격 체계(case system)[73]을 가지고 있는 러시아어가 '격에 민감한 언어(case sensitive language)'로 불리어질 수 있는 이유와 이렇게 다양한 격(case)의 실현이 문법체계에서는 어떠한 형태로 나타나고 도출되어지는지를 살펴보았다.

Jakobson(1936/1962, 1958/1962)의 논문이 다양한 러시아어의 격(case)의 기능 및 의미를 파악하는데 기초 자료가 되었으며, 이렇듯 비교적 다양한 기능과 의미를 가지고 있는 러시아어의 격(case)들 중에서 생격 명사구와 여격 명사구를 중심으로 러시아어가 표현할 수 있는

---

73) 주격, 생격, 여격, 대격, 조격, 전치격 외에 생격2와 전치격2를 포함하여 러시아어에는 8격이 사실상 존재한다고 할 수 있지만, 여기서는 일반적인 러시아어 문법에서 간주하고 있는 6격 체계를 기본으로 하여 설명하고 있다. 그밖에도 호격(vocative case)이 현대 러시아어에서 역사적 잔재의 형태로 남아있다.

문장들을 알아보았다. 생격 명사구와 여격 명사구가 가지는 형태론적 차이 뿐 아니라, 이 형태론적 차이에서 시작하여 의미론적 차이까지도 설명하려 했던 Jakobson(1936/1962)은 세 가지 중요자질(feature)의 조합을 통해서 소위 러시아어의 격 체계(case system)를 체계적으로 정리하였다. 다음의 도표는 Jakobson(1936/1962)의 격 자질(case feature)에 따른 생격과 여격의 차이를 잘 보여준다.

(121) 생격과 여격의 격 자질(case feature)

	Peripheral	Quantified	Directional
생 격	−	+	−
여 격	+	−	+

위의 도표 (121)에서도 보여 지는 것처럼 생격 명사구와 여격 명사구가 가지고 있는 자질은 완전히 상반된다는 점에서 상보적 분포(complementary distribution)의 관계를 유지하고 있다. 이러한 생격 명사구와 여격 명사구에 대한 기본적인 비교를 바탕으로 하여 본 연구에서는 생격 명사구와 여격 명사구가 갖는 다양한 기능과 의미들을 살펴보았다. 하지만 구조주의적 입장에서의 이러한 Jakobson(1936/1962, 1958/1962)의 견해는 형태론적, 그리고 의미론적 설명에만 국한되어 통사론적 차이점을 드러내지 못했다. 이러한 그의 입장은 Levine(1984, 1986)의 논문에서도 잘 나타난다. Levine(1984)은 생격 명사구와 여격 명사구가 가지고 있는 다양한 의미들 중에서 분리 불가능 소유(inalienable possession)와 분리 가능 소유(alienable possession)를 표현하는 다양한 러시아어 문장들을 분석하고 그 구분의 기준을 제시하였

다. 결론적으로 Levine(1984)이 제시한 생격 명사구와 여격 명사구가 가지는 차이점에 대한 설명은 Jakobson(1936/1962)과 입장을 같이하여 의미론적, 화용론적인 입장에서 전개되었으며, Levine(1984)이 제시한 기준은 II장의 그림 (24)로 간단히 도식화 될 수 있었다.

(24) 의미론적/화용론적 '소유' (생격과 여격)

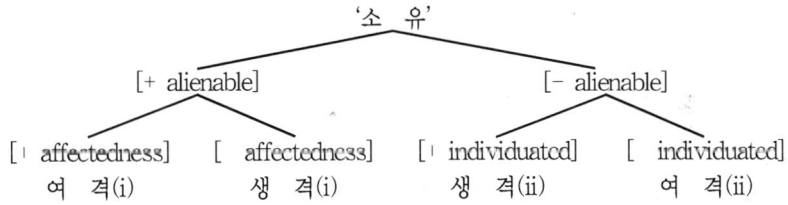

Levine(1984, 1986)과는 견해를 달리 하여, 본 연구에서는 분리 가능 소유를 의미하는 생격 명사구와 여격 명사구를 포함하는 러시아어의 문장의 모습은 어떠한지를 먼저 살펴보았으며, 무엇보다도 Levine(1984)이 주장한 분리 가능 소유를 의미하는 생격 명사구와 여격 명사구간에는 어떠한 통사론적 차이도 존재하지 않으며, 이러한 생격 명사구와 여격 명사구의 선택의 차이는 단순히 화용론적인 화자의 선택에 의해서 좌우된다는 점에 대해서 본 연구는 여러 가지 예들을 들어서 반박하고자 하였다. 또한 분리 가능 소유를 의미하는 여격 명사구의 문장 상에서의 발현은 문법적 현상이 아닌, 화자의 화용론적인 고려(consideration)라는 Fowler(1987)의 주장 역시 옳지 않은 것으로 본 연구에서는 주장되었다.

분리 가능 소유를 의미하는 생격 명사구와 여격 명사구의 문장 상에서의 역할을 비교하고 그 차이점을 설명하기 위해서 생격 명사구와 여격 명사구에 대한 다양한 학자들의 견해를 살펴보았다. 결과적으로 기존의 이론들이 제시한 형상에 가감하여 분리 가능 소유를 설명하는데 가장 적합한 생격 명사구와 여격 명사구 구조를 III장과 IV장에서 각각 제시하였다. 이와 더불어 소유를 의미하는 여격 명사구는 논항의 역할을 하는 다른 여격 명사구와는 달리 논항이 아닌 부가어로 간주되어야 한다는 사실에 대해서도 여러 가지 증거들을 통해서 견해를 밝혔다. 또한 여격 명사구가 문장에서 논항이나 부가어로 쓰여지는 경우 외에 동사구로부터 격(case)이나 의미역을 할당받지 못한다는 점에서 부가어로 간주되어져야만 하지만, 문장의 의미나 외형상 마치 논항처럼 사용되어지는 여격 명사구의 경우 '의사 논항(疑似 論項; pseudo-argument)'이라는 새로운 용어와 이에 대한 정의를 제시하였다.

분리 가능 소유를 의미하는 생격 명사구와 여격 명사구에 대한 정확한 형상을 근거로 하여 다양한 방법을 통해서 이 두 구조간의 차이점을 통사론적인 관점에서 설명한 것이 V장의 내용이다. 분리 가능 소유를 의미하는 생격 명사구와 여격 명사구의 변별성을 위해 부가어와 논항에 대한 정확한 분석 및 분류, 이를 반영한 수형도 상에서의 생격 명사구와 여격 명사구의 위치 설정, 구 구조의 대체성 검증, 전치사구 'y+кого'를 포함하는 문장과의 비교, 동사구의 내부 논항 검증 및 의미역 할당, 어순의 다양성 비교, 수동태 변형, 그리고 부정문과의 차이점 비교 등을 이용하였다.

결론적으로 분리 가능 소유를 의미하는 생격 명사구와 여격 명사구를 포함하는 문장이 문법적으로 다른 현상으로 취급되어져서는 안 되며, 이는 화자의 화용론적, 그리고 의미론적 선택과 고려에 의해서 문장에서 나타나야 한다는 기존의 Levine(1984)과 Fowler(1987)의 주장은 앞서 제시한 여러 가지의 논증을 통해서 설득력이 미약함이 본 연구에서 밝혀졌다. 또한 이론적으로는 의미론, 형태론, 화용론적으로 미묘한 차이를 보인다거나, 그 차이를 설명하기에 어려움을 겪을 수 있는 러시아어에서의 다양한 문장 표현 및 기능들이 통사론적 방법을 통한 설명에 의해서 보다 쉽고 확연하게 표현되어질 수 있음을 알 수 있었다.

참고문헌

한국어 자료

강덕수, 김진원, 이은순, 표상용 (1995) 「러시아 언어학 연구의 방법
　　과 문제」, 서울: 한신문화사.

강명윤 역 (1998) 「촘스키 언어학 사전」, 서울: 한신문화사

김용하 (1999) 「한국어 격과 어순의 최소주의 문법」, 서울: 한국문화사

어건주 (1998) 「러시아어 재귀대명사 연구」, 한국외국어대학교 박사
　　학위논문.

윤만근 (1997) 「생성문법론」, 서울: 한국문화사.

이은순 (1993-a) "노어의 격할당", *단대 논문집* 27.

＿＿＿ (1993-b) "노어의 공범주: PRO와 pro", *노어노문학* 5, pp.
　　93-110.

＿＿＿ (1995) "Дуплексив 구문의 통사적 분석: 형용사 이차술어구문
　　을 중심으로", *슬라브 학보* 10. pp. 248-276.

＿＿＿ (2000) "러시아어 다중 의문사 구문의 통사적 특성 연구", *노
　　어노문학*. 12권 1호. pp. 27-50.

이인영 (1998-a) "러시아어 존재문에 관한 연구" 1998년 한국노어노
　　문학회학술대회 발표 및 논문 초록.

＿＿＿ (1998-b) "러시아어 존재문 연구: 의미-화용론적 접근", *러시*

아어연구, 제 8권, 제 2호. 서울대학교 러시아 연구소.

조성식 외. (1990) 「영어학 사전」, 서울: 신아사.

표상용 (1996) 「노어학 개론」, 서울: 신아사.

한학성 (1995) 「생성문법론」, 서울: 태학사.

영어 자료

Abney, Steven (1987) "The English Noun Phrase in Its Sentential Aspect", Ph.D. dissertaion, MIT.

Andersen, Henning (1970) "The Dative of Subordination in Baltic and Slavic", *Baltic Linguistics*, T. F. Magner and W. R. Schmalstieg eds., The Pennsylvania State University Press.

Anderson, Mona (1983-84) "Prenominal Genitive NPs", *The Linguistic Review*, 3, pp. 1-24.

Aoun, Joseph and D. Sporitche (1983) "On the Formal Theory of Government", *The Linguistic Review*, 2-3, pp. 19-37.

Babby, Leonard (1980) *Existential Sentences and Negation in Russian*, Ann Arbor: Karoma.

_____ (1984) "Case Conflicts and Their Resolution: A Contribution to EST and Case Theory", *Cornell Working Papers in Linguistics*, vol. 6. Department of Modern Language and Linguistics, Ithaca: Cornell University.

_____ (1985) "Noun Phrase Internal Case Assignment in

Russian", *Russian Linguistics*, vol. 9, pp. 1-15. D. Reidel Publishing.

_____ (1986) "The Locus of Case Assignment and the Direction of Percolation: Case Theory and Russian", *Case in Slavic*, R. Brecht and J. Levine eds., Ohio: Slavica.

_____ (1987) "Case, Pre-Quantifiers, and Discontinuous Agreement in Russian", *Natural Language and Linguistic Theory*, vol. 5, pp. 91-138.

_____ (1991) "Noncanonical Case Configurational Case Assignment Strategies", *The Cornell Working Papers in Linguistcs*, vol. 9. Department of Modern Language and Linguistics, Ithaca: Cornell University.

_____ (1997) "Nominalization in Russian", *Formal Approach to Slavic Linguistics*, in Browne, W., E. Dornisch, N. Kondras- hova, D. Zec. eds., Ann Arbor: Michigan Slavic Materials, pp. 54-83.

Babyonyshev, Maria (1997) "The Possessive Construction in Russian: A Crosslinguistic Perspective", *Journal of Slavic Linguistics*, vol. 5, no. 2.

Bailyn, John (1991) "The Configurationality of Case Assignment in Russian", *The Cornell Working Papers in Linguistcs*.

vol. 9. Department of Modern Language and Linguistics, Ithaca: Cornell University.

_____ (1995) "A Configurational Approach to Russian "Free"

Word Order", Ph.D. dissertation, Cornell University.

_____ (1997) "Genitive of Negation is Obligatory". *Formal Approach to Slavic Linguistics*, in Browne, W., E. Dornisch, N. Kondrashova, D. Zec. eds., Ann Arbor: Michigan Slavic Materials, pp. 84–114.

_____ (1998) "Modern Syntactic Theory and the History of the Slavic Languages", *American Contributions to the 12th International Congress of Slavists*, in Flier, M. and A. Timberlake eds., Bloomington: Slavica.

_____ and B. Citko (1999) "Case and Agreement in Slavic Predicates", *Formal Approach to Slavic Linguistics*, K. Dziwirek, H. Coats and C. M. Vakarliyska eds., Ann Arbor: Michigan Slavic Materials.

Birnbaum, Henrik (1998) *Sketches of Slavic Scholars*, Slavica, Indiana.

Bolkestein, Machtelt (1983) "Genitive and Dative Possessors in Latin", *Advances in Functional Grammar*, Simon C. Dik ed., Dordrecht: Foris Publications.

Borshev, V and B. H. Partee (1999) "Semantic Types and the Russian Genitive Modifier Construction", *Formal Approach to Slavic Linguistics*, K. Dziwirek, H. Coats and C. M. Vakarliyska eds., Ann Arbor: Michigan Slavic Materials.

Brecht, Richard & J. Levine (1986) "Case and Meaning", *Case in Slavic*, R. Brecht and J. Levine eds., Ohio: Slavica.

Chomsky, Noam (1957) *Syntactic Structures*, Hague: Mouton.

_____ (1970) "Remarks on Nominalization", *Readings in English Transformational Grammar*. Roderick Jacobs and Peter Rosenbaum eds., Ginn, Waltham, MA.

_____ (1981-a) *Lectures on Government and Binding*, Dordrecht: Foris.

_____ (1981-b) "Principles and Parameters in Syntactic Theory" in Norbert Hornstein and David Lightfoot eds., *Explanation in Linguistics,* London: Peter Longmans.

_____ (1986-a) *Knowledge of Language: Its Nature, Origin and Usek,* New York: Praeger.

_____ (1986-b) *Barriers*, Cambridge: MIT Press.

_____ & M. Halle (1968) *The Sound Pattern of English,* New York: Harper and Row.

Chvany, Catherine (1975) *On the Syntax of BE-Sentences in Russian,* Ohio: Slavica.

_____ (1986) "Jakobson's Fourth and Fifth Dimensions: On Reconciling the cube Model of Case Meanings with the Two-Dimensional Matrices for Case Form", *Case in Slavic,* R. Brecht and J. Levine eds., Ohio: Slavica.

Cienki, Alan (1994) "Experiencers, Possessors, and Overlap between Russian Dative and u+Genitive". *Proceeding of the 19th Annual Meeting of the Berkely Linguistic Society,* pp. 76-89.

Comrie, Bernard (1986) "On Delimiting Case", *Case in Slavic*, R. Brecht and J. Levine eds., Ohio: Slavica.

Corbett, G. G. (1998) "Agreement in Slavic", *Workshop on Comparative Slavic Morphsyntax*, Spencer, Indiana. (downloadable at http://www.indiana. edu/~slavconf/linguistics/index.html)

den Dikken, M. (1997) "The Syntax of Possession and the Verb 'have'", *Lingua*, vol. 101, pp. 129–150.

Durrant, P. Michael (1995) "The Licensing of Russian Possessives", M.A. dissertation, The University of Calgary.

Engelhardt, M. and H. Trugman (1998) "D as Source of Adnomianl Genitive in Russian", *Formal Approach to Slavic Linguistics*, Ž. Boškovič, S. Franks and W. Snyder eds., Ann Arbor: Michigan Slavic Materials.

Fillmore, Charles (1968) "The Case for Case", *Universals in Linguistic Theory*, E. Bach and R. Harms eds., New York: Reinhart & Winston.

Fowler, George (1987-a) "The Syntax of the Genitive Case in Russian". Ph.D. dissertation, University of Chicago.

_____ (1987-b) "The Grammatical Relevance of Theme/Rheme Partition". *Chicago Linguistic Society,* vol. 23, pp. 93–104.

Franks, Steven (1986) "Case and the Structure of NP", *Case in Slavic*, R. Brecht and J. Levine eds., Ohio: Slavica.

_____ (1990) "Case, Configuration and Argumenthood:

Reflection on the Second Dative", *Russian Linguistics*, vol. 14, no. 3, pp. 231-254.

_____ (1995) *Parameters of Slavic Morphosyntax*, New York. Freeze, Ray (1992) "Existentials and Other Locatives", *Language*, vol. 68. no. 3.

Freidin, Robbert & L. H. Babby (1984) "On the Interaction of Lexical and Syntactic Properties: Case Structure in Russian", *Cornell Working Papers in Linguistics*, vol. 6. Department of Modern Language and Linguistics, Cornell University, Ithaca.

Fukui, N., & M. Speas (1986) "Specifiers and Projections", *MIT Working Papers in Linguistics*, 8. pp. 128-172.

Gladney, Frank Y. (1986) "Prepositions and Case Government in Russian", *Case in Slavic*, R. Brecht and J. Levine eds., Ohio: Slavica.

Giorgi, A and G. Longobardi (1991) *The Syntax of NP*, Cambridge: Cambridge University Press.

Grimshaw, J. (1990) *Argument Structure*, Cambridge: MIT press.

Haegeman, Liliane (1994) *Introduction to Government & Binding Theory*, Oxford.

Hawkins, Roger (1981) "Towards an Account of the Possessive Constructions: NP's N and the N of NP", *Journal of Linguistics*, vol. 17.

Heine, Bernd (1997) *Possession Cognitive Sources, Forces and Grammati- calization*, Cambridge: Cambridge University Press.

Hoecke, W. V. (1996) "The Latin Dative", *The Dative*, vol. 1, W.

V. Belle and W. V. Langendonck eds., Amsterdam: John Benjamin Publishing.

Hoekstra, Teun (1995) "To Have To Be Dative", *Studies in Comparative Germanic Syntax*, H. Haider, S. Olsen, and S. Vikne eds., Amsterdam: Kluwer.

Honselaar, Wim (1998) "(Zero-)Expression of Possessive Relations in Russian", *Dutch Contributions to the 10th Congress of Slavists*, A. A. Barentsen, B. M. Groen, R. Sprenger eds., Amsterdam: Rodopi.

Issačenko, A. V. (1974) "On 'Have' and 'Be' Language", *Slavic Forum*, in M. S. Flier ed. Hague: Mouton.

Jakobson, Roman (1936/1962) "Beitrag zur allgemeinen Kasuslehre: Gesamtbedeutungen der russischen Kasus", In *Selected Writings* 2, Hague: Mouton.

_____ (1958/1962) "Morfologičeskie nabljudenija nad slavjanskim skloneniem", in *Selected Writings* 2, Hague: Mouton.

_____ (1984) *Russian and Slavic Grammar: Studies 1931-1981*. Waugh, Linda and M. Halle eds., Berlin: Mouton.

King, Katerina (1998) "The Czech Dative of Interest: The Hierarchical Organization of Possession in Discourse and Pragmatics", Ph.D. dissertation, Harvard University.

King, T. Holloway (1994) "VP-Internal Subjects in Russian", *Formal Approach to Slavic Linguistics*, S. Avrutin, S. Franks and L.

Progovac, Ann Arbor: Michigan Slavic Materials.

Kitahara, Hisatsugu (1992) "Inalienable Possession Construction in Korean: Scrambling, the Proper Binding Condition, and Case-Percolation", *Japanese/Korean Linguistics*, P. M. Clancy ed., vol. 2.

Kondrashova, Natalia (1996) "The Syntax of Existential Quantification", Ph.D. dissertation, University of Wisconsin.

_____ (1994) "Agreement and Dative Subject in Russian", *Formal Approach to Slavic Linguistics*, S. Avrutin, S. Franks, and L. Progovac eds., Ann Arbor: Michigan Slavic Materials.

Krivinkova, P. (1993) "The Dative of Interest in Czech: A Case of Empathy?", *Harvard Studies in Slavic Linguistics*, vol. 2, Harvard University Press.

Kučanda, Dubravko (1996) "What is the Dative Possession?", *Suvremena Lingvistika*, vol. 41/42, Zagreb.

Lamiroy, B and N. Delbecque (1996) "The Possessive Dative in Romance and Germanic Languages", *The Dative*, vol. 2, W. V. Belle and W. V. Langendonck eds., Amsterdam: John Benjamin Publishing.

Larson, R. K. (1985) "Bare-NP Adverbs", *Linguistic Inquiry*, vol. 16, no. 4, pp. 595-621.

Levine, James (1984) "On the Dative of Possession in Contemporary Russian", *Slavic and East European Journal*, vol. 28, no. 4, pp. 493-501.

_____ (1986) "Remarks on the Pragmatics of the 'Inalienable' Dative in Russian", *Case in Slavic*, Brecht, R. D & J. S. Levine eds., Ohio: Slavica.

_____ (1990) "Pragmatic Implicature and Case: The Russian Dative Revisited", *Russian Language Journal*, vol. 44, pp. 9–27.

Lyons, J (1967) "A Note on Possessive, Existential and Locative Sentences", *Slavic and East European Journal*, vol. 28, pp. 493–501.

Maling, Joan & Soowon Kim (1992) "Case Assignment in the Inalie-nable Possession Construction in Korean", *Journal of East Asian Linguistics*, vol. 1.

Mel'čuk, Igor A. (1986) "Toward a Definition of Case", *Case in Slavic*, R. Brecht and J. Levine eds., Ohio: Slavica.

Miller, R. H. (1992) "Case and Creativity: A New Look at the Semantics of Case in Slavic", *The 19th LACUS(Linguistic Association of Canada and United States) Forum*, P. A. Reich ed.

Neidle, Carol (1988) *The Role of Case in Russian Syntax*, Kluwer,

Dordrecht. Orr, Robert (1992) "Slavo-Celtica", *Canadian Slavonic Papers*, vol. 34, no. 3.

Pesetsky, D. (1982) "Paths and Categories", Ph.D. dissertaion, MIT.

Rappaport, Gilbert (1992) "On the Adnominal Genitive and the Structure of Noun Phrases in Russian and Polish", *Linguistique et Slavistique*: melanges offerts a Paul Garde/edites par Marquerite

Guiraud-Weber et Charles Zaremba, Paris, pp. 239-262.

_____ (1998) "The Slavic Noun Phrase", *Workshop on Comparative Slavic Morphosyntax*, Spencer, Indiana. (downloadable at http://www.indiana.edu/~slavconf/linguistics/index.html)

_____ (2000) "The Czech Possessive Relative Pronoun *JEHOŽ* and Its Paradigm: Synchronic Morphosyntax and Developmental Pathways of the Slavic Relative Clause", *Slavic and East European Journal*, vol. 44, no. 1, pp. 1-28.

Reinhart, T. (1981) "Definite NP Anaphora and C-Command Domains", *Linguistic Inquiry*, vol. 12, no. 4, pp. 605-635.

Schoorleemer, Maaike (1994) "Dative Subject in Russian", *Formal Approach to Slavic Linguistic: Functional Categories in Slavic Syntax*, J. Toman ed., Ann Arbor: Michigan Slavic Material.

_____ (1998) "Possessor, Article and Definiteness", *Possessor, Predicates and Movement in the Determiner Phrase*, A. Alexiandou and C. Wilder eds., Amsterdam: John Benjamin Publishing.

Seiler, Hansjakob (1983) *Possession as an Operational Dimension of Language*, (Language Universals Series, 2). Tübingen, G. Narr.

Stejepanovič, Sandra (1997) "Is Inherent Case Structural?", *Formal Approaches to Slavic Linguistics*, M. Lindseth and S. Franks eds., Ann Arbor: Michigan Slavic Materials.

Stowell, Tim (1991) "Determiners in NP and DP", *Views on Phrase Structure*, Leffeel K. and D. Bouchard eds., Dordrecht: Kluwer.

Sullivan, W. J. (1984) "Russian Locus Expression: Dative", *Forum Linguisticum*, vol. 8, no. 3.

Swiggers, P. (1986) "Possession as an Operational Dimension of Language", Review of H. Seiler, *General Linguistics*, vol. 26, no. 1, pp. 53-61.

Toman, Jindřich (1994) "Case as a Functional Projection: A Note on an Issue Parameterization", *Formal Approach to Slavic Linguistic: Functional Categories in Slavic Syntax*, J. Toman ed., Ann Arbor: Michigan Slavic Material.

Tremblay, Mireille (1991) "Possession and Datives: Binary Branching from the Lexicon to Syntax", Ph.D. dissertation, McGill University.

van Schooneveld, C. H. (1986) "Jakobson's Case System and Syntax", *Case in Slavic*, R. Brecht and J. Levine eds., Ohio: Slavica.

Vogel, Ralf (1998) "The Dative-an Oblique Case", *Linguistische Berichte*. Westdeuscher Vertag.

Wierzbicka, Anna (1980) *The Case for Surface Case*, Ann Arbor: Karoma.

_____ (1986) "The Meaning of a Case: Study of the Polish Dative", *Case in Slavic*, R. Brecht and J. Levine eds., Ohio: Slavica.

Worth, Dean S. (1992) "The Grammar of Possessivity in Middle Russian",

Linguistique et Slavistique: melanges offerts a Paul Garde/edites par
Marguerite Guiraud-Weber et Charles Zaremba, Paris, pp. 171-181.

Yokoyama, Olga and E. Klenin (1976) "The Semantics of 'Optional'
Rules: Russian Personal and Reflexive Possessives", L. Matejka
ed., *Sound, Sign and Meaning: Quinquangenary of the Prague
Linguistic Circle,* Ann Arbor: Michigan Slavic Contributions.

Zimmermann, Ilse (1993) "The Syntax of 'Possessor' Phrases", *The
Parameterization of Universal Grammar*, G. Fanselow ed.,
Amsterdam: John B. Publishing Company.

러시아어 자료

Garde, Paul (1985) "О так называемых 'симпатетических' падежах в совр
еменном русском языке", *Russian Linguistics*, vol. 9, pp. 181-196.

Zajíčková, J. (1972) Дательный беспредложный в современном русском
языке, Prague: Universita Karlova, *Acta Universitatis
Carolinae Philologica, Monographia* XLII.

Золотова, Ф. А. (1985) "К теории падежных значений", *Russian
Linguistics*, vol. 9.

Панде, Х. Ч. (1981) "К семантике *есть* в локативных и поссессивны
х конструкциях", *Russian Linguistics*, vol. 5.

_____ (1983) "К семантике глагола *существовать*", *Russian
Linguistics*, vol. 7.

_____ (1985) "Глагол быть и количественная характеристика обьекта", *Russian Linguistics*, vol. 9.

_____ (1988) "Заметки по семантике глагола *иметься*", *Russian Linguistics*, vol. 12,

_____ (1990–a) "*Иметь* как бытийный глагол", *Russian Linguistics*, vol. 14,

_____ (1990–b) "Посессивность, виды принадлежности и *бытийн ость*", *Wiener Slawistischer Almanach*, vol. 25–26.

Чинчлей, К. Г. (1987) "Категория посессивности в типологическом о свещении", *Серия литературы и языка*, том 46, no. 2, С С С Р: и звестия академий наук.

Шведова, Н. Ю. (1980) *Русская грамматика*, 2 том, Москва: Наука.

체코어 자료

Hrabě, V & P. Adamec (1969) "Transformační syntax současně ruštiny", *Státní pedagogické nakladatelství*, [mimeographed edition], Praha.

Přilkrylová, Milena (1990) "K sémantice konstrukcí se slovesem 'mít' a jejich překladu do ruštiny, bulharštiny a srbocharátštiny", *Slavia časopis pro slovanskou filologii*, vol. 59, no. 4, Praha.

Pit'ha, Petr (1971) "Existuje dativ posesivní?", *Slovo a slovesnost.* vol. 32, no. 4, pp. 301–311.

• 저자 •

양창열   • 약 력 •
(梁昌烈)
         한국외국어대학교 노어과 졸업
         캘리포니아주립대학교(UCLA) 슬라브어문학과 석사
         인디애나주립대학교 슬라브어문학과 박사과정
         한국외국어대학교 노어노문학과 박사
         선문대, 성균관대, 한국외대 출강
         현재 한국방송통신대학교 연구원

         • 주요논저 •

         「러시아어의 여격 명사구는 모두 논항인가?」
         「러시아어 부동사의 통사론적 분석」
         「러시아어 형용사 단어미의 율격구성 성분」

         외 다수

러시아어 생격과 여격의 '소유' 의미 연구

• 초판 인쇄 | 2007년 6월 15일
• 초판 발행 | 2007년 6월 15일

• 지 은 이 | 양창열
• 펴 낸 이 | 채종준
• 펴 낸 곳 | 한국학술정보㈜
          경기도 파주시 교하읍 문발리 526-2
          파주출판문화정보산업단지
          전화 031) 908-3181(대표) · 팩스 031) 908-3189
          홈페이지 http://www.kstudy.com
          e-mail(출판사업부) publish@kstudy.com
• 등   록 |
• 가   격 | 19,000원

ISBN   978-89-534-6873-3 93790 (Paper Book)
        978-89-534-6874-0 98790 (e-Book)